身近な人が亡くなった時の相続手続きと届出のすべて

改訂3版

［監修］行政書士法人チェスター／税理士法人チェスター

［編集協力］円満相続を応援する士業の会

［著］エッサム

あさ出版

身近な人が亡くなったあとの1年間はやるべきことが、たくさんある

身近な人が亡くなった時、葬儀や埋葬のほかにもやるべきことはたくさんあります。

・死亡届の提出
・年金の受給停止
・健康保険被保険者証（健康保険証）の返却
・印鑑登録カードや免許証、パスポートの返却

などの公的機関への手続きや届出だけでも、たくさんのことを行わないといけません。

故人の残した財産を相続人でどう分割するか、いわゆる〝遺産分け〟も重要なテーマです。また、各種公共料金の引落し先の変更が必要なケースもあるでしょう。

相続税を納めなければならないとなれば、その対応も不可欠です。

本書では、それらの手続き・届出の主なものについて、まったく初めての人でも理解できるように平易にまとめました。まず4・5ページに挙げた『身近な人が亡くなった時「主にすべきこと」一覧』で葬儀から一周忌まで、相続についてやるべきことを押さえておきましょう。

3か月　4か月　10か月　1年

その他
変更登記の必要なものは、すみやかに

相続登記は3年以内

四十九日法要

亡くなって3か月以内
相続の限定承認
相続放棄の対応

遺言書の確認、相続人・相続財産の特定、遺産分割協議書の作成、遺産分割（不動産名義変更、金融機関等手続き）

亡くなって4か月以内
故人の所得税の準確定申告

亡くなって10か月以内
相続税の申告と納税

亡くなって1年
一周忌

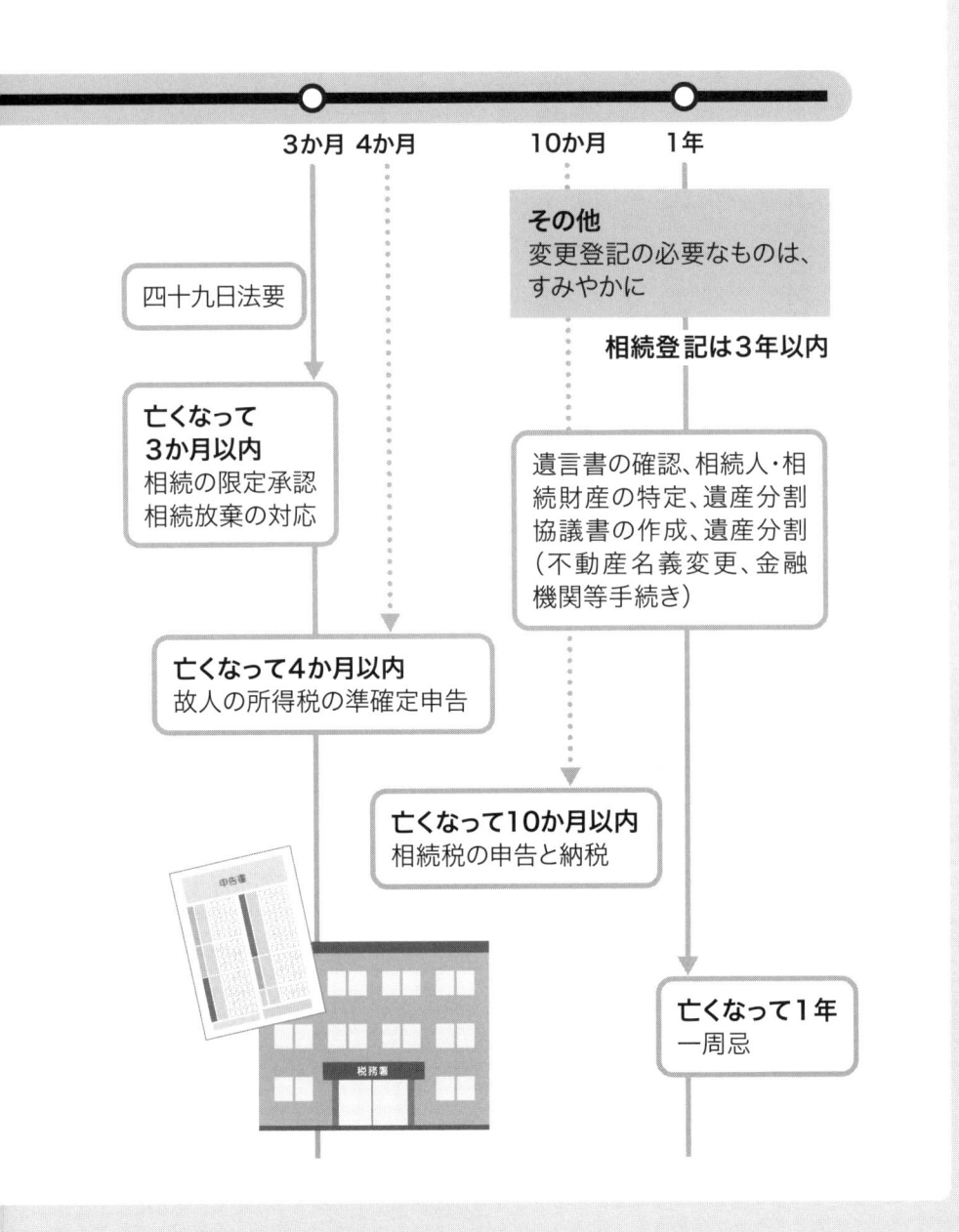

身近な人が亡くなった時
「主にすべきこと」一覧

死亡　10日　1か月

亡くなった直後
葬儀に関すること
（葬儀社の選定・手配、通夜・告別式）

亡くなって7日以内
死亡届の提出

亡くなって10日以内
年金の受給停止・未支給分の請求
（国民年金は14日）

亡くなって14日以内
健康保険の資格喪失手続き
公共料金や葬儀費用などの支払いは1か月ほどのうちに

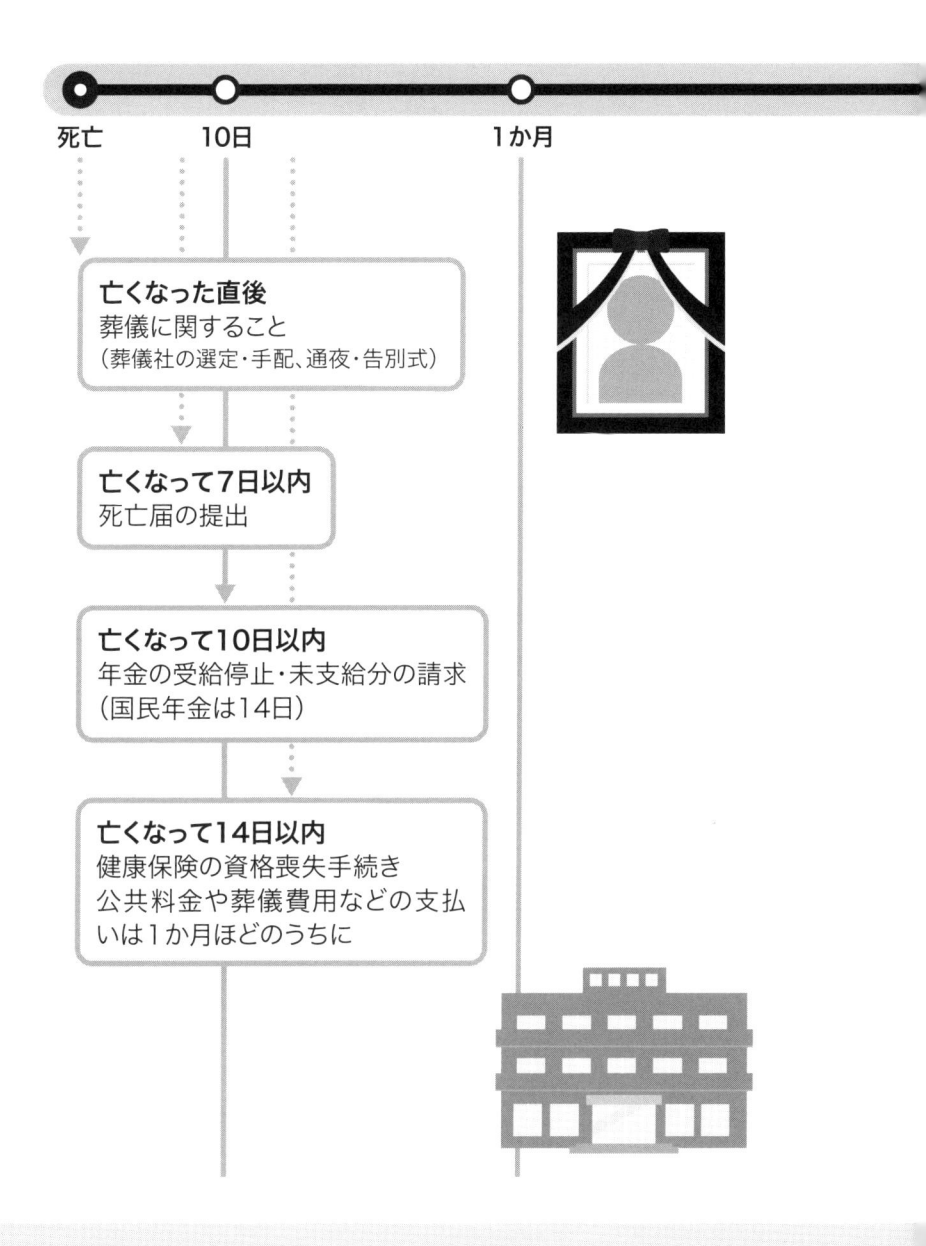

もくじ

●身近な人が亡くなったあとの1年間はやるべきことが、たくさんある …… 3
●身近な人が亡くなった時「主にすべきこと」一覧 …… 4

第1章 急を要する手続き・届出と葬儀・埋葬のポイント

1-1 死亡診断書・死亡届は7日以内に市区町村役場に提出 …… 14
1-2 火葬許可申請書は死亡届と同時に提出する …… 19
1-3 身近な人が亡くなった直後に市区町村役場ですべき主な手続き …… 23
1-4 世帯主の変更届は必要なケースと必要ないケースがある …… 32

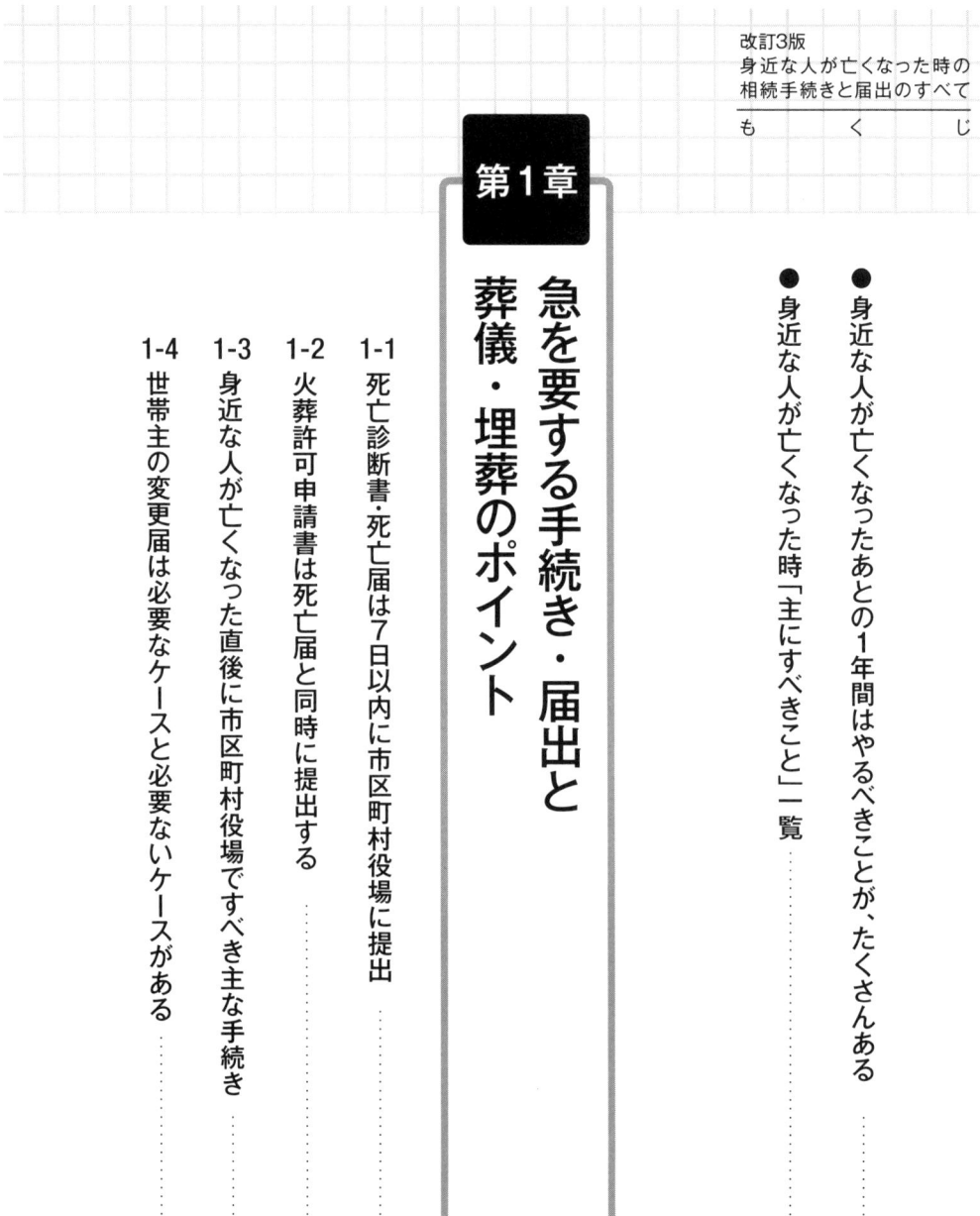

1-5 ひとり親家庭となるケースは児童扶養手当の受給手続きを！ …… 36
1-6 葬儀やお墓、埋葬方法の基礎知識 …… 40
1-7 葬儀社選びは、病院からの紹介のほか故人の生前の意向で決める …… 46
1-8 葬儀に関する費用の税務処理 …… 52
1-9 お墓を改葬する場合、墓じまい、永代供養の方法と手続き …… 55

第2章
年金・保険・銀行などもれなく押さえておきたいお金まわりの手続き

2-1 公的年金のしくみと遺族年金の手続きを押さえる …… 64

2-2 亡くなったあと、すみやかに行う年金の受給停止手続きと未支給分の請求……75
2-3 遺族基礎年金がない場合は寡婦年金・死亡一時金が受給できる……81
2-4 健康保険の資格喪失手続きは14日以内にすませる……88
2-5 手続きをすれば必ずもらえる葬祭費と埋葬料……93
2-6 故人の高額療養費の申請も忘れずに！……98
2-7 介護保険と介護サービスへの対応と手続き……105
2-8 銀行口座の取り扱いと処理の最新事情……109
2-9 クレジットカードはどうする？ 各種カードの解約方法……117
2-10 ネット関連のアカウント処理も忘れずに！……119

第3章

揉めずに進める遺産の整理と相続手続き

3-1 遺言書の種類と確認のしかた …… 122
3-2 相続人が誰かを確認・特定する …… 130
3-3 相続財産として「何が」「どれくらい」あるかを特定しよう …… 135
3-4 それぞれに長所・短所がある遺産分割のやり方と手順 …… 141
3-5 遺産分割協議書を作成しておこう …… 146
3-6 不動産の相続登記が義務化された …… 150
3-7 相続を放棄するなら3か月以内に！ …… 154
3-8 旧姓に戻したい！　復氏届の申請のしかた …… 160

3-9 姻族関係終了届を申請する場合の留意点 …… 163
3-10 遺品整理は確実に残したいものを仕分け、形見分けは相手の負担を考慮 …… 166

第4章 相続税、所得税などの税金まわりの基礎知識

4-1 4か月以内に故人の所得税の確定申告を行う …… 172
4-2 10か月以内に相続税の申告・納付を！ …… 178
4-3 税額計算のために必要な評価額の考え方 …… 186
4-4 相続財産の評価と税額計算の基礎 …… 194

4-5 利用しやすい相続税軽減策「生前贈与」の課税方法 …… 202
4-6 相続財産別の確認・保管・処分の方法 …… 207
4-7 相続税額がゼロでも申告が必要な特例措置は再確認 …… 218
4-8 贈与税も踏まえた相続税軽減の基礎知識 …… 221
4-9 相続を受けた人の所得税の課税と確定申告について …… 227
4-10 中小企業の経営者が亡くなった時の株式の扱いと事業承継税制 …… 231
4-11 税務署は公共機関と故人の情報を共有している!? …… 235

第5章

こんな時はどうする？相続手続きQ&A

5-1 あとになって財産が出てきた時の税金と登記はどうなるの？……240
5-2 あとになってから相続人が現れたらどうするの？……243
5-3 相続税の申告ができなかったり払えなかったりしたらどうなるの？……247
5-4 誰も相続しない場合、法定相続人が誰もいない場合はどうなるの？……253

●身近な人が亡くなった時の「申請書・帳票」一覧……255
●円満相続を応援する士業の会……257

※本書の内容は２０２４年10月末時点の情報にもとづいてまとめています。
※市区町村役場への申請等の書式は、市区町村ごとに異なるケースがあります。

第1章
急を要する手続き・届出と葬儀・埋葬のポイント

1-1

死亡診断書・死亡届は7日以内に市区町村役場に提出

家族など身近な人が亡くなった時、市区町村役場への手続きとして、まず何をすればよいのでしょうか。最初の手続きは**死亡診断書・死亡届**の提出です。

「そんな書類、これまで見たことがないので、どう手続きしたらよいかよくわからない！」そう心配する人もいるかもしれません。

でも、その点は心配しなくても大丈夫です。身近な人の死亡を確認した医師・医療機関が、提出すべき書類をきちんと用意してくれます。

■死亡診断書と死亡届はセットになっている

死亡診断書と死亡届はセットで1枚の用紙になっています。16・17ページに示すように、用紙の左側が死亡届、右側が死亡診断書です。

「どう記入したらいいの?」

そのような心配もしなくて大丈夫です。右側の死亡診断書の必要事項は、身近な人の死亡を確認した医師が記入してくれています。

親族の方たちが死亡届(17ページ)の必須項目に記入をしましょう。死亡した人の氏名や生年月日、職業、死亡した時刻や場所、住所や本籍などですから、記入にあたってとくに注意すべきところはありません。

間違いやすいのは本籍で、故人が生前、家族にとくに知らせることなく本籍を変えていたような場合もあり得ます。そのことを故人が住んでいた市区町村役場で確認する必要があるでしょう。

死亡診断書と死亡届は死亡を知った日から7日以内に、市区町村役場に提出します。提出先は故人の本籍地でも、提出する人の住所地や故人の死亡地でもかまいません。また、提出する人は一般的には、親族の方です。

最近は、死亡診断書・死亡届に関する入手から提出などの手続きを代行してくれる葬儀社も一般的になってきました。これらの書類は、葬儀全般に携わる葬儀社としても必要な書類

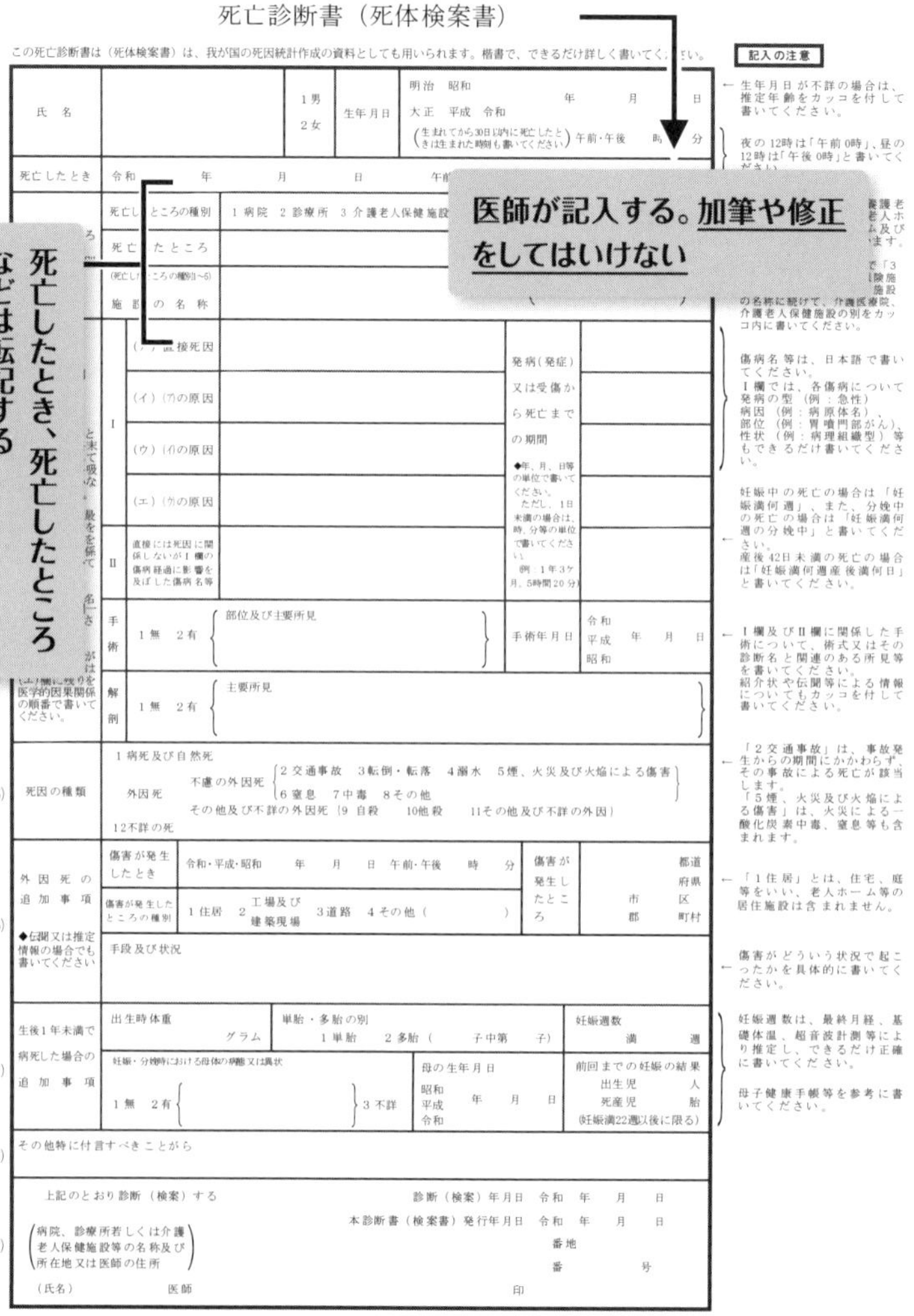
死亡診断書（死体検案書）

この死亡診断書（死体検案書）は、我が国の死因統計作成の資料としても用いられます。楷書で、できるだけ詳しく書いてください。

記入の注意

氏　名		1男 2女	生年月日	明治　昭和　大正　平成　令和　年　月　日 （生まれてから30日以内に死亡したときは生まれた時刻も書いてください）午前・午後　時　分
死亡したとき	令和　年　月　日　午前・午後　時　分			
死亡したところ及びその種別	死亡したところの種別	1病院　2診療所　3介護老人保健施設　4助産所　5老人ホーム　6自宅　7その他		
	死亡したところ			
	（死亡したところの種別1～5）施設の名称	（　）		
死亡の原因	I (ア)直接死因		発病（発症）又は受傷から死亡までの期間	
	(イ)(ア)の原因			
	(ウ)(イ)の原因		◆年、月、日等の単位で書いてください。ただし、1日未満の場合は、時、分等の単位で書いてください（例：1年3ケ月、5時間20分）	
	(エ)(ウ)の原因			
	II 直接には死因に関係しないがI欄の傷病経過に影響を及ぼした傷病名等			
	手術　1無　2有	部位及び主要所見	手術年月日	令和　平成　昭和　年　月　日
〔I欄、II欄ともに疾患の終末期の状態としての心不全、呼吸不全等は書かないでください〕〔I欄では、最も死亡に影響を与えた傷病名を医学的因果関係の順番で書いてください〕	解剖　1無　2有	主要所見		
(15) 死因の種類	1病死及び自然死 外因死　不慮の外因死 {2交通事故　3転倒・転落　4溺水　5煙、火災及び火焔による傷害　6窒息　7中毒　8その他} その他及び不詳の外因死 {9自殺　10他殺　11その他及び不詳の外因} 12不詳の死			
(16) 外因死の追加事項 ◆伝聞又は推定情報の場合でも書いてください	傷害が発生したとき　令和・平成・昭和　年　月　日　午前・午後　時　分	傷害が発生したところ	都道府県　市区郡町村	
	傷害が発生したところの種別　1住居　2工場及び建築現場　3道路　4その他（　）			
	手段及び状況			
(17) 生後1年未満で病死した場合の追加事項	出生時体重　グラム	単胎・多胎の別　1単胎　2多胎（　子中第　子）	妊娠週数　満　週	
	妊娠・分娩時における母体の病態又は異状　1無　2有（　）3不詳	母の生年月日　昭和　平成　令和　年　月　日	前回までの妊娠の結果　出生児　人　死産児　胎（妊娠満22週以後に限る）	
(18) その他特に付言すべきことがら				
(19) 上記のとおり診断（検案）する （病院、診療所若しくは介護老人保健施設等の名称及び所在地又は医師の住所） （氏名）　医師	診断（検案）年月日　令和　年　月　日 本診断書（検案書）発行年月日　令和　年　月　日 番地　番　号 印			

← 生年月日が不詳の場合は、推定年齢をカッコを付して書いてください。

夜の12時は「午前0時」、昼の12時は「午後0時」と書いてください。

「老人ホーム」は、養護老人ホーム、特別養護老人ホーム、軽費老人ホーム及び有料老人ホームをいいます。

死亡したところの種別で「3介護医療院・介護老人保健施設」を選択した場合は、施設の名称に続けて、介護医療院、介護老人保健施設の別をカッコ内に書いてください。

傷病名等は、日本語で書いてください。I欄では、各傷病について発病の型（例：急性）、病因（例：病原体名）、部位（例：胃噴門部がん）、性状（例：病理組織型）等もできるだけ書いてください。

妊娠中の死亡の場合は「妊娠満何週」、また、分娩中の死亡の場合は「妊娠満何週の分娩中」と書いてください。産後42日未満の死亡の場合は「妊娠満何週産後満何日」と書いてください。

← I欄及びII欄に関係した手術について、術式又はその診断名と関連のある所見等を書いてください。紹介状や伝聞等による情報についてもカッコを付して書いてください。

← 「2交通事故」は、事故発生からの期間にかかわらず、その事故による死亡が該当します。「5煙、火災及び火焔による傷害」は、火災による一酸化炭素中毒、窒息等も含まれます。

← 「1住居」とは、住宅、庭等をいい、老人ホーム等の居住施設は含まれません。

← 傷害がどういう状況で起こったかを具体的に書いてください。

妊娠週数は、最終月経、基礎体温、超音波計測等により推定し、できるだけ正確に書いてください。

母子健康手帳等を参考に書いてください。

医師が記入する。加筆や修正をしてはいけない
死亡したとき、死亡したところなどは転記する

死亡診断書・死亡届の記載例

どこで	いつまでに
市区町村役場	死亡を知ってから7日以内

死亡した人の本籍地ではない役場に提出する時は2通提出。死亡診断書は原本1通と写し1通でもよい

死　亡　届

令和　6 年　8 月　2 日届出

△△区　長　殿

受理　令和　年
第
送付　令和　年
第

書類調査	戸籍記載	記載調査	調査票	附　票	住民票	通　知

(1) （よみかた）　タナカ　イチロウ
(2) 氏名　氏 田中　名 一郎　☑男　□女
(3) 生年月日　昭和30年10月14日（生まれてから30日以内に死亡したときは生まれた時刻も書いてください）□午前 □午後　時　分
(4) 死亡したとき　令和6年　8月　1日　□午前 ☑午後　8時38分
(5) 死亡したところ　東京都台東区○○○　番地 番　号
(6) 住所（住民登録をしているところ）　東京都新宿区○○○　番地 番　号
世帯主の氏名　田中　一郎
(7) 本籍（外国人のときは国籍だけを書いてください）　東京都台東区○○○　番地 番
筆頭者の氏名　田中　一郎
(8)(9) 死亡した人の夫または妻　□いる（満　歳）　いない（□未婚　☑死別　□離別）
(10) 死亡したときの世帯のおもな仕事と
□1. 農業だけまたは農業とその他の仕事を持っている世帯
☑2. 自由業・商工業・サービス業等を個人で経営している世帯
□3. 企業・個人商店等（官公庁は除く）の常…
　が1人から99人までの世帯（…々または…
□4. 3にあてはまらない常用勤労…世帯及び…
　は1年未満の契約の雇用者は…
□5. 1から4にあてはまらないその他の仕事…
□6. 仕事をしている者のいない世帯
(11) 死亡した人の職業・産業　（国勢調査の年…　年…の4月1日から翌年3月31日まで…）　職業　産業

内縁関係の場合は「いない」にチェックを入れる

その他

正式には、ここに記載のある1.～13.の順で届出人となる。できるだけ近親者が届出人になったほうがよい

届出人
☑1. 同居の親族　□2. 同居していない親族　□3. 同居者　□4. 家主　□5. 地主
□6. 家屋管理人　□7. 土地管理人　□8. 公設所の長　□9. 後見人
□10. 保佐人　□11. 補助人　□12. 任意後見人　□13. 任意後見受任者
住所　東京都新宿区○○○　番地 番　号
本籍　東京都台東区○○○　番地 番　筆頭者の氏名
署名　田中　二郎　印　年　月　日生

事件簿番号

記入の注意

鉛筆や消えやすいインキで書かないでください。
死亡したことを知った日からかぞえて7日以内に出してください。
死亡者の本籍地でない役場に出すときは、2通出してください（役場が相当と認めたときは、1通で足りることもあります。）。2通の場合でも、死亡診断書は、原本1通と写し1通でさしつかえありません。

「筆頭者の氏名」には、戸籍のはじめに記載されている人の氏名を書いてください。

内縁のものはふくまれません。

□には、あてはまるもの…しをつ…

死亡者について書いてください。

届け出られた事項は、人口動態調査（統計法に基づく基幹統計調査、厚生労働省所管）、がん登録等の推進に関する法律に基づく全国がん登録（厚生労働省所管）にも用いられます。

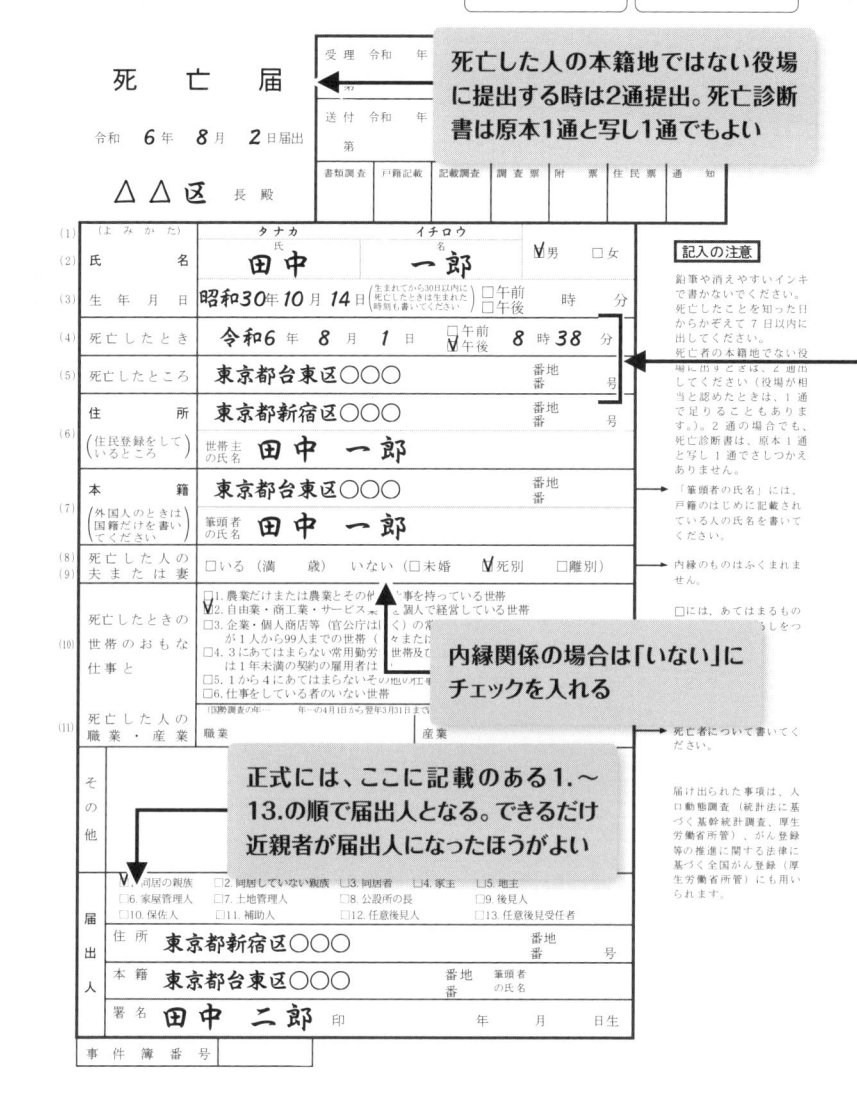

の一つなので、その手続きを一括して行おうということです。これらの手続きを葬儀社に依頼する際に、代行してくれるか確認しておくとよいでしょう。

遺族がこの手続きを行う際に留意しておきたいのは、死亡診断書の原本を役所に提出すると戻ってこないため、提出の前にコピーを多めに取っておくことです。後日、故人の銀行口座の閉鎖や生命保険の保険金の受取りの手続きなどで必要になることもあります。

なお、死亡診断書・死亡届、あわせて次項の火葬許可申請書が市区町村役場に受理されると、次項で触れる火葬許可証が交付されます。

1-2
火葬許可申請書は死亡届と同時に提出する

身近な人が亡くなった時、死亡診断書・死亡届とともに市区町村役場に提出する書類がもう1種類あります。それが**火葬許可申請書**（埋火葬許可申請書）です。用紙は役場に常備されています。記載例は21ページに挙げておきますので、参考にしてください。

これも、指定された事項を記入していけばよく、むずかしい書類ではありません。なお、この申請書の手続きも、死亡診断書・死亡届の手続きとあわせて葬儀社が代行してくれるケースが多いでしょう。通常は、葬儀社が火葬までの手配を一括して行ってくれるからです。

■火葬許可申請書の提出後、その場で火葬許可証が交付される

火葬許可申請書の提出場所は死亡診断書・死亡届と同様に市区町村役場で、提出期日も同

様に**死亡を知った日から7日以内**です。

市区町村役場に火葬許可申請書を提出し、受理されると、役場がすぐその場で火葬許可証を交付してくれます。交付される火葬許可証は、故人を火葬するために必要となる大事な書類です。

一般的に故人の葬式（告別式）は死亡後、数日のうちに執り行われるでしょう。その告別式のあと、火葬場に向かい、故人は荼毘《だび》にふされます。その時に火葬許可証が必要になります。

ですから、実態としては、身近な人が亡くなって告別式を執り行う前に死亡診断書・死亡届とあわせて火葬許可申請書を提出し、火葬許可証を受け取っておくようにします。一般的には、これらの手続きを葬儀社が代行してくれます。

■火葬した事実を記した火葬許可証が埋葬許可証になる

故人を荼毘にふす時に、火葬場に火葬許可証を持参します。そして、火葬場が火葬許可証に火葬した事実を記します。それが、**埋葬許可証**となります。

死体埋火葬許可申請書の記載例

どこで	いつまでに
市区町村役場	死亡を知ってから7日以内

体

照合	担任	係長	課長

死体埋火葬許可申請書

令和 6 年 8 月 2 日

（あて先） ×× 長

本籍 神奈川県川崎市○○○

住所 神奈川県川崎市×××

死亡者との続柄 子　申請人 田中 一郎

明 昭 令 大 平 40 年 8 月 14

次のとおり申請します。

本籍	神奈川県川崎市○○○
住所	神奈川県川崎市××× 番号 番地
死亡者氏名	田中 太郎　明 昭 令 大 平 18 年 9 月 24 日生
性別	男 女
死因	「一類感染症等」「その他」
死亡の年月日時	令和 6 年 7 月 30 日 前 午 後 2 時 20 分
死亡の場所	神奈川県川崎市△△△
埋葬又は火葬の場所	△△斎場

この火葬許可申請書を役場に提出して役場から火葬許可証を発行してもらい、その火葬許可証に火葬場の担当者が火葬の事実を記して埋葬許可証となる

ペスト、エボラ出血熱などの場合。「一類感染症等」以外の場合は「その他」となる

火葬許可証の発行の際に火葬場の使用申請を求められることがある。それらの手続きは葬儀社が代行するケースが多い

※書式は市区町村によって異なる

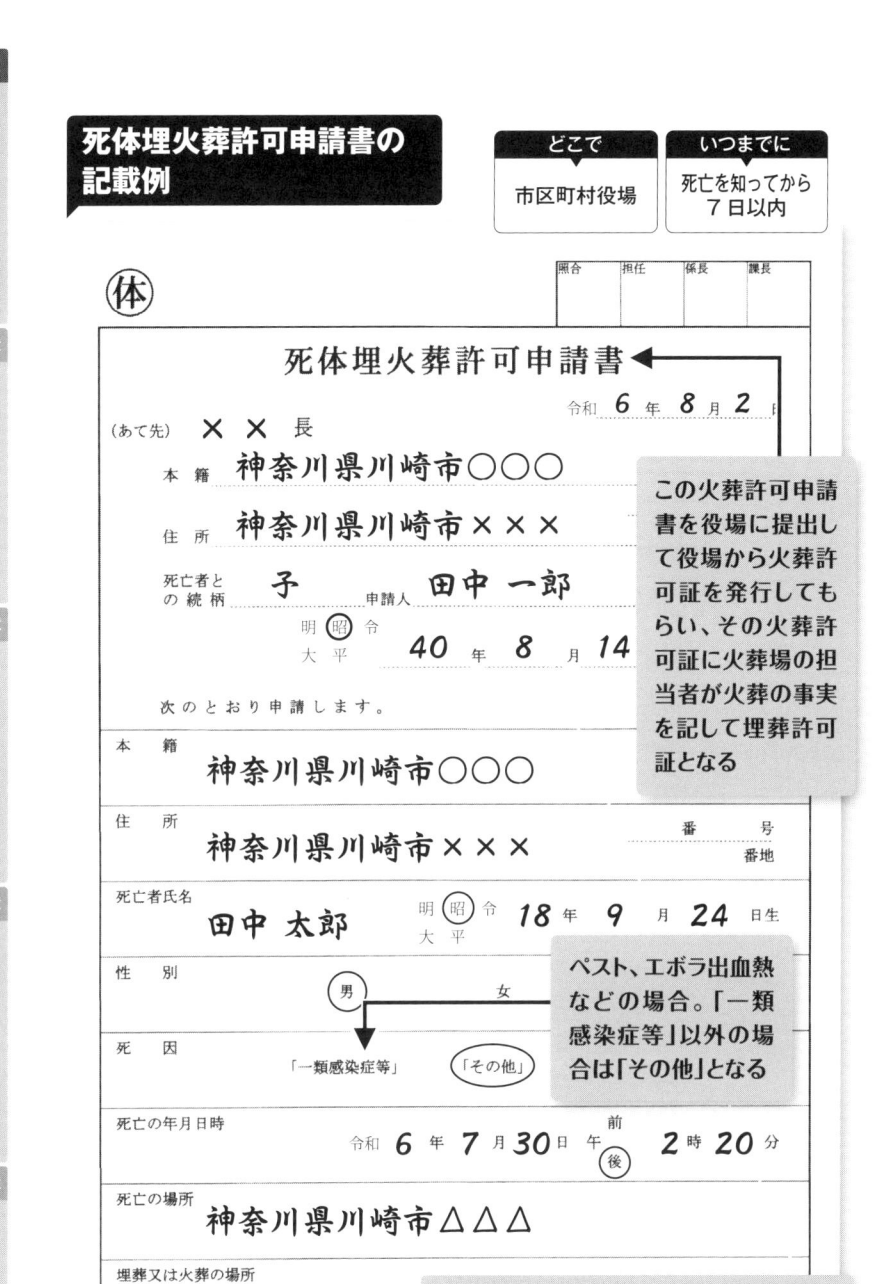

故人の死亡から納骨までの流れ

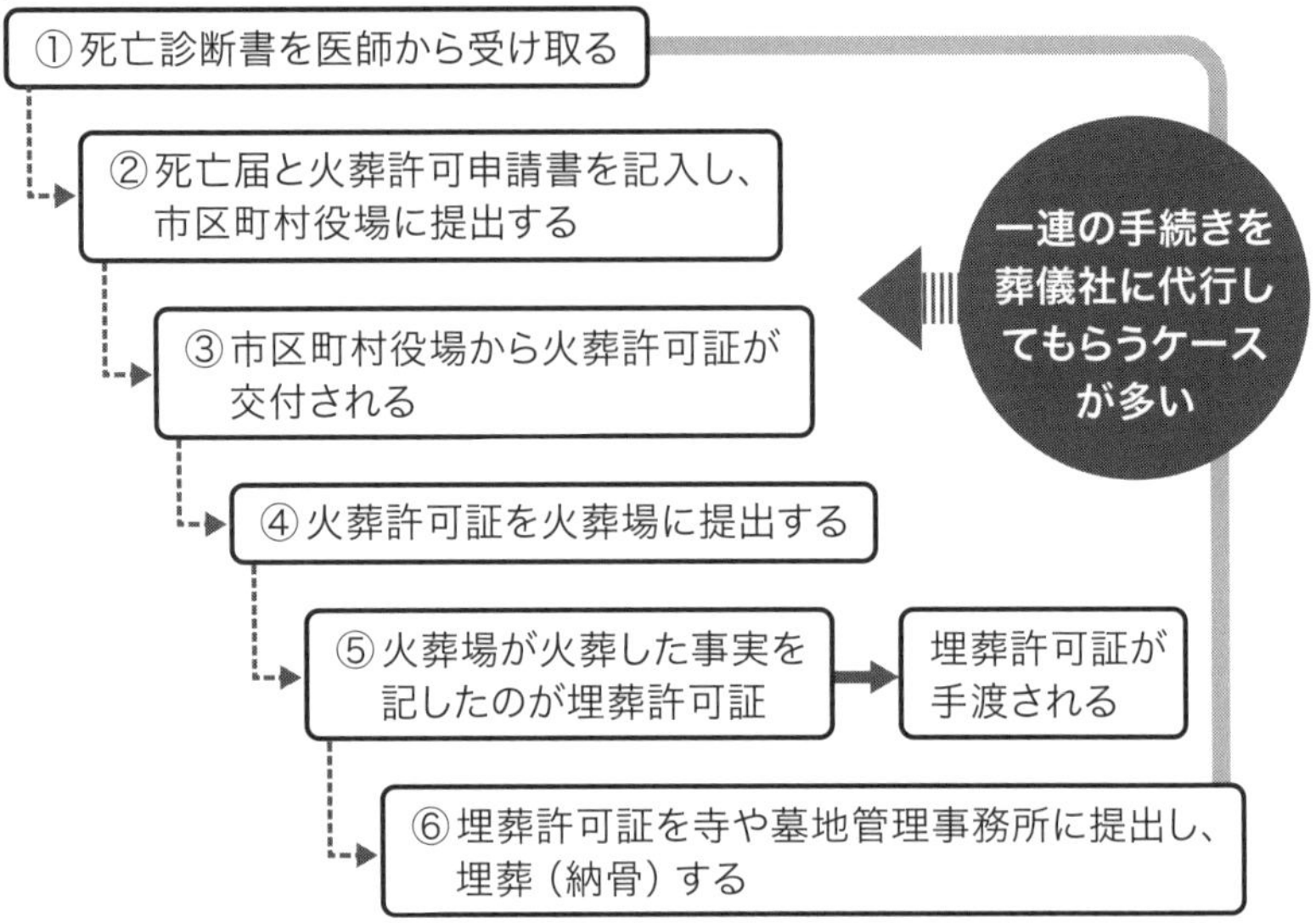
①死亡診断書を医師から受け取る
②死亡届と火葬許可申請書を記入し、市区町村役場に提出する
③市区町村役場から火葬許可証が交付される
④火葬許可証を火葬場に提出する
⑤火葬場が火葬した事実を記したのが埋葬許可証
埋葬許可証が手渡される
⑥埋葬許可証を寺や墓地管理事務所に提出し、埋葬（納骨）する
一連の手続きを葬儀社に代行してもらうケースが多い

火葬場の担当者に、「この書類はお墓への納骨の際に必要になるので、箱に一緒に入れておきますね」といったことを告げられ、遺骨を納めた骨壺を入れた骨箱とあわせて埋葬許可証を渡されます。

その埋葬許可証はお墓に納骨する際に、寺や墓地の管理事務所に提出します。寺や墓地が埋葬許可証を受け取って納骨をすませれば、埋葬までの一連の流れが滞りなく行われたことになります。

この一連の流れを上図にまとめましたので、参考にしてください。

1-3

身近な人が亡くなった直後に市区町村役場ですべき主な手続き

身近な人が亡くなった直後は、とにかくバタバタするものです。死亡届の提出や通夜・告別式などの葬儀は執り行ったものの、その後はどっと疲れが出て、諸々の手続きに不備やもれがあっても、しかたない面があるかもしれません。

でも、もうひと踏ん張り、行っておくべき手続きがあります。とくに行政、年金、保険、銀行などに関わる手続きのうち、期限のあるものはすみやかに行いましょう。

ここでは、身近な人が亡くなった直後の手続き・届出のうち、すみやかに行うべき主な手続きをまとめておきます。基本は、解約すべきものを解約し、返却すべきものは返却するということです。

■公共料金の引落しは解約や名義変更をする

電気・ガス・水道などの公共料金の支払いについては、解約するものは解約し、料金を口座引落しにしている場合は引落し口座の変更を行います。

いずれも基本は電話やインターネットで手続きできます。

なお、電話で連絡を入れる場合は、毎月の請求伝票や領収書に記載されている**お客さま番号**を確認しておくと話がスムーズに進むでしょう。

公共料金は国が金額の基準を決めるものですが、電気やガスをはじめ、業者に委託しているケースが多いものです。とくにプロパンガスの場合、役場が業者に委託するのとは異なり、民間業者が独自に対応しています。

そのため、こちらから解約や名義変更を申し出なくてはならないケースが多々あります。手続きの期日は〝すみやかに〟という程度の意識でよいのですが、注意したいのは、故人の口座が引落しの前に凍結されているケースです。その場合、引落しの期日がくると引落しができず、一般的にはまず振込用紙が届きます。その振込みに対応しないと未払いの扱いになってしまいます。そう考えると、〝すみやかに〟といっても1か月のうち、故人が他界した当月に手続きをすませましょう。

なお、固定電話の解約の場合も注意しておきたいことがあります。電話料金の支払いの引落し口座の名義変更だけなら手間はかかりませんが、もともと固定電話の加入権は相続財産です（30ページ参照）。このため、電話加入権を引き継ぐ場合は、引き継ぐ人が各電話会社から**電話加入権等承継・改称届出書**（26ページ）を取り寄せ、必要事項を記入して郵送します。

■マイナンバーカードや印鑑登録カード、障害者手帳、健康保険証は？

市区町村役場から交付を受けているマイナンバーカードや印鑑登録カードなどは原則、すみやかに返却します（マイナンバーカードは返却の必要なし、としているところもあります）。市区町村役場に常備されている「返却届」「印鑑登録廃止申請書」といった書類に必要事項を記入し、申請者の身分を証明する書類を提示して返却します。

なお、実印については、故人の家族で実印を持っていなかった人が、故人の実印を自分の

電話加入権等承継・改称届出書の記載例

どこで：各電話会社

いつまでに：すみやかに

東日本電信電話株式会社御中

【電話加入権等承継・改称届出書】

記入年月日令和6年 3月12日

下記に記入した電話加入権等を、承継・改称したいので、必要な確認書類を添えて届け出ます。
なお、承継届出の場合、相続の順位が同順位の法定相続人が複数人存在する場合、他の相続権を有する者はこれに同意しています。

◆ 以下の内容についてご記入ください。機械で読み取りますので、黒のボールペンで枠内に丁寧にご記入ください。
◆ 選択肢のあるものについては該当する数字を太枠内にご記入ください。ご記入がない場合は1を選択したものとみなします。
◆ 間違えた場合は二重線をし、修正する内容を同じ枠内にご記入ください。

① 【電話番号・ひかり電話番号】 *ハイフン無し
(1) 0 3 × × × × × × × ×
(2)

② 【利用休止番号 または 旧電話番号*】 *利用休止番号がご不明の場合
休止番号 / 事業所コード
旧電話番号または…

③ 【契約ID】 *フレッツサービスをご利用の場合
C

④お手続き内容　1．承継　2．改称　【1】

「承継」とは引き継ぐこと、「改称」とは所有者が変わること

⑤現ご契約者名　フリガナ スズキ タロウ　鈴木 太郎

亡くなった人

⑥新ご契約者名
個人のお客様　フリガナ スズキ ハナコ　(姓) 鈴木　(名) 花子
法人のお客様 *(株)等省略せずに正式名称をご記入ください　フリガナ

【1】
フリガナ
申込者
⑨連絡先電話番号　03-××××-××××

契約を引き継ぐ人

⑦新ご契約者住所　郵便番号　都道府県
市区町村・丁目・字　番地　号　建物名　部屋番号

⑩電話帳掲載 (ハローページ)
1．掲載しない
2．掲載する（□番号1　□番号2）*下記にご記入ください
3．掲載せず番号案内サービス(104)のみ希望する（□番号1　□番号2）*下記にご記入ください
＊下記の欄が未記入の場合は電話帳掲載・番号案内とも実施いたしません
【1】

フリガナ　普通掲載（無料）
フリガナ　重複掲載（有料）

⑪電話料金のお支払方法
1．現在のクレジットカード（引き落とし口座）を継続する
2．ご新規、または現在と異なるクレジットカード（口座振替）によるお支払いを希望する
＊お客様より別途お申込が必要です。お手続完了までは請求書でのお支払いとなります
3．請求書でのお支払いを希望する
【1】

⑫電話料金請求書の送付先
1．新ご契約者名、新ご契約者住所と同じ　2．その他のお名前・ご住所へ送付（下記へご記入ください）
【1】
郵便番号　都道府県
市区町村・丁目・字　番地　号　建物名　部屋番号
フリガナ
お名前
※全20文字以内でご記入ください

⑬手続き完了のお知らせ送付先
1．新ご契約者名、新…
2．電話料金請求書の…
【1】

請求書の送付や手続き完了通知を新規契約者とは別の人に知らせたい場合に記入する

弊社(NTT東日本)記入欄

旧書類	新書類	新契約者確認書類名	不足書類名	審査完了
□ OK □ NG	□ OK □ NG			□ AT □ MT

実印として使いたいというケースもあるでしょう。その場合は、いったん故人の実印登録を廃止し、あらためてその家族の実印として登録します。

故人が所持していた**障害者手帳**の返却も、市区町村役場で行います。

故人が市区町村役場から交付されていたものが複数ある場合、遺族が返却のつど役場に出向いていたのでは、手間もかかります。それを避けるため、「市区町村役場への返却物リスト」をつくり、故人についての必要書類、申請者に必要な証明書類を事前に確認しておき、できるだけいっぺんに手続きするといいでしょう（次ページ参照）。

なお、健康保険証となっているマイナンバーカードについては失効になりますが、返納の義務がない市区町村もあります。

また、市区町村では、死亡届提出後の案内や受付を行う「おくやみコーナー」を設置しているところも増えています。そのような窓口を利用することもおすすめします。

市区町村役場への返却物リスト

※市区町村によって名称の異なるもの、返却不要としているものなどもある
※実際の返却手続きについては返却先市区町村のそれぞれの担当課に確認が必要な場合もある
※「おくやみコーナー」が設置された市区町村では、事前予約のうえ、まとめて返却手続きの相談ができることもある

返却物	備考
国民健康保険被保険者証	社会保険等に加入していた人が亡くなった場合は、加入していた健康保険の保険者へ確認する
後期高齢者医療被保険者証	限度額適用・標準負担額減額認定証、限度額適用認定証、特定疾病療養受療証などがある場合、あわせて返却の要否を確認
介護保険被保険者証	介護保険に関する負担割合証、負担限度額認定証などがある場合、あわせて返却の要否を確認
印鑑登録カード(印鑑登録証)	印鑑登録そのものは自動的に廃止。印鑑登録証は返納しても廃棄してもよい
運転免許証	
原動機付自転車のナンバープレート	登録申告済証(登録票)もあわせて返却
高齢者バス特別乗車証	乗車払カードのチャージ残額の払戻し手続きが必要になる場合もある
高齢者移送に関するサービスチケット	高齢者タクシー利用券、福祉タクシーチケットなどは本人以外は使用できないので処分。運転免許証自主返納支援事業のタクシー利用券なども同様
身体障害者手帳 ・ 療育手帳	亡くなった人の障害によって返却手続きが異なる場合がある
リフト付自動車派遣登録者証	そのほか介護保険を利用して用意された介護用品なども返却が必要
障害福祉サービス受給者証	
精神障害者保健福祉手帳	
自立支援医療(精神通院医療)受給者証	
高齢障害者医療などの医療費受給者証、手帳など	
特別障害者手当、障害児福祉手当、経過的福祉手当などの受給者証	未受給(未払い)の分があれば、請求の手続きも必要
児童手当、児童扶養手当、特別児童扶養手当受給者証	未受給(未払い)の分があれば、請求の手続きも必要。児童手当に関しては、受給者が亡くなった場合と対象児童が亡くなった場合で返却手続きが異なる
障害者等バス特別乗車証	
特定医療費(指定難病)受給者証	
小児慢性特定疾病医療受給者証	
肝炎治療費受給者証	
公害医療手帳	
乳幼児等医療、こども医療、母子家庭等医療の医療費受給者証	
被爆者手帳	
パスポート	都道府県の旅券事務所(パスポートセンター)で返納の手続きをする。失効処理したうえで戻してもらえるケースもある
公立図書館の本・CD・DVD	図書利用券とともに返却
マイナンバーカード、個人番号通知カード、住民基本台帳カード	死亡日に執行するので返却不要とする市区町村も多いが、相続手続き完了までは必要になることもあり、それまでは保管しておく

■運転免許証、パスポートなどの返却は?

市区町村役場ではなくても返却を要する公的な書類として、**運転免許証**や**パスポート**があります。これら有効期限のあるものは有効期限をすぎれば失効になるので、手続きしなくても大丈夫と思いがちです。

ただし、運転免許証やパスポートは偽造され悪用されるケースもあり得ます。ですから、すみやかに返却するよう心がけましょう。

運転免許証は申請者の最寄りの警察署か運転免許センター・試験場へ返却します(ただし、返却の義務はありません)。故人の運転免許証と「返納届」、申請する人の身分証明書のほか、死亡が確認できる死亡診断書のコピーや戸籍謄本などの書類が必要です。

パスポートの返却は申請者の最寄りの都道府県庁に設置されている旅券課かパスポートセンターで対応してもらえます。市区町村役場の窓口で対応しているところもあります。必要書類は申請者の身分証明書のほか、死亡が確認できる死亡届のコピーや戸籍謄本などです。

老後に海外旅行を楽しんだ夫婦など、配偶者が亡くなっても「思い出にパスポートを残しておきたい」と考えるような人もいるでしょう。その場合は、失効の手続きをすれば返還してもらえます。

■電話加入権の相続

前述した固定電話の解約に関連し、電話加入権の相続税上の評価について触れておきます。

これまで電話加入権は個別に評価し、申告書に記載する必要がありました。しかし電話加入権の取引相場というものがないため評価しづらく、国税庁の定める標準価額も2014年以降1500円と低い金額から変わっていませんでした。

そうしたことを受けて、2021年には国税庁が定める財産評価基本通達全体が見直され、必要な改正が行われました。

この改正により電話加入権の評価方法が見直され、2021年1月1日以後の相続においては家庭用動産（家庭用財産）に含め、一括して評価することが認められました。なお、家庭用動産では、1個または1組の額が5万円以下のものについては一括して評価してよいとされています。極端にいうと電話加入権については従来の1500円と評価してもしなくてもかまわず、いくらで評価してもよいということです。

かつては電話加入権を担保に借金をするほど価値があった時代もありましたが、その頃と比べ今では電話加入権の価値は低下し、電話加入権がなくても電話でき、その存在意義さえ問われる時代になっています。そうした時代の流れにあわせて改正されたのでしょう。

1-4 世帯主の変更届は必要なケースと必要ないケースがある

身近な人が亡くなった時、市区町村役場に行う手続きに、**世帯主の変更届**があります。手続きする書類としては**住民異動届出書**（34ページ、書式は市区町村によって異なる）で、その冒頭部分にある「転入・転居・転出・世帯主変更・その他」などの区分欄で「世帯主変更」に印をつけ、必要事項を記入することになります。

提出期日は、身近な人が亡くなってから14日以内です。

■誰が世帯主になるかを決めて提出する

世帯主が亡くなったあと、誰が世帯主になるかを決め、市区町村役場に世帯主の変更届を提出します。

提出するのは通常は新しく世帯主になる人ですが、故人と同じ世帯に住む人であれば、他の人でもかまいません。

ただし、提出の必要がないケースがあります。

まず、誰が新しい世帯主であるかが明らかなケースです。たとえば、夫婦二人暮らしで世帯主が死亡したケースです。このケースでは、残った一人が世帯主となります。

また、その夫婦に子どもがいたケースでも、その子が15歳未満で就業年齢に達していない場合は世帯主になることができないので、自動的に故人の配偶者が世帯主になります。このように、**世帯主になることができるのが世帯で一人の場合や誰が世帯主になるかが明確な場合には世帯主の変更届は必要ありません**。

もし、世帯主の変更届の提出が必要な人（世帯）が変更届を提出しなかったらどうなるでしょうか。その場合、住民基本台帳法違反となります。提出を忘れていた場合は市区町村に確認し、提出が必要な場合は忘れずに提出しておきましょう。

住民異動届出書（世帯主の変更届）

どこで
市区町村役場

いつまでに
死亡から
14日以内

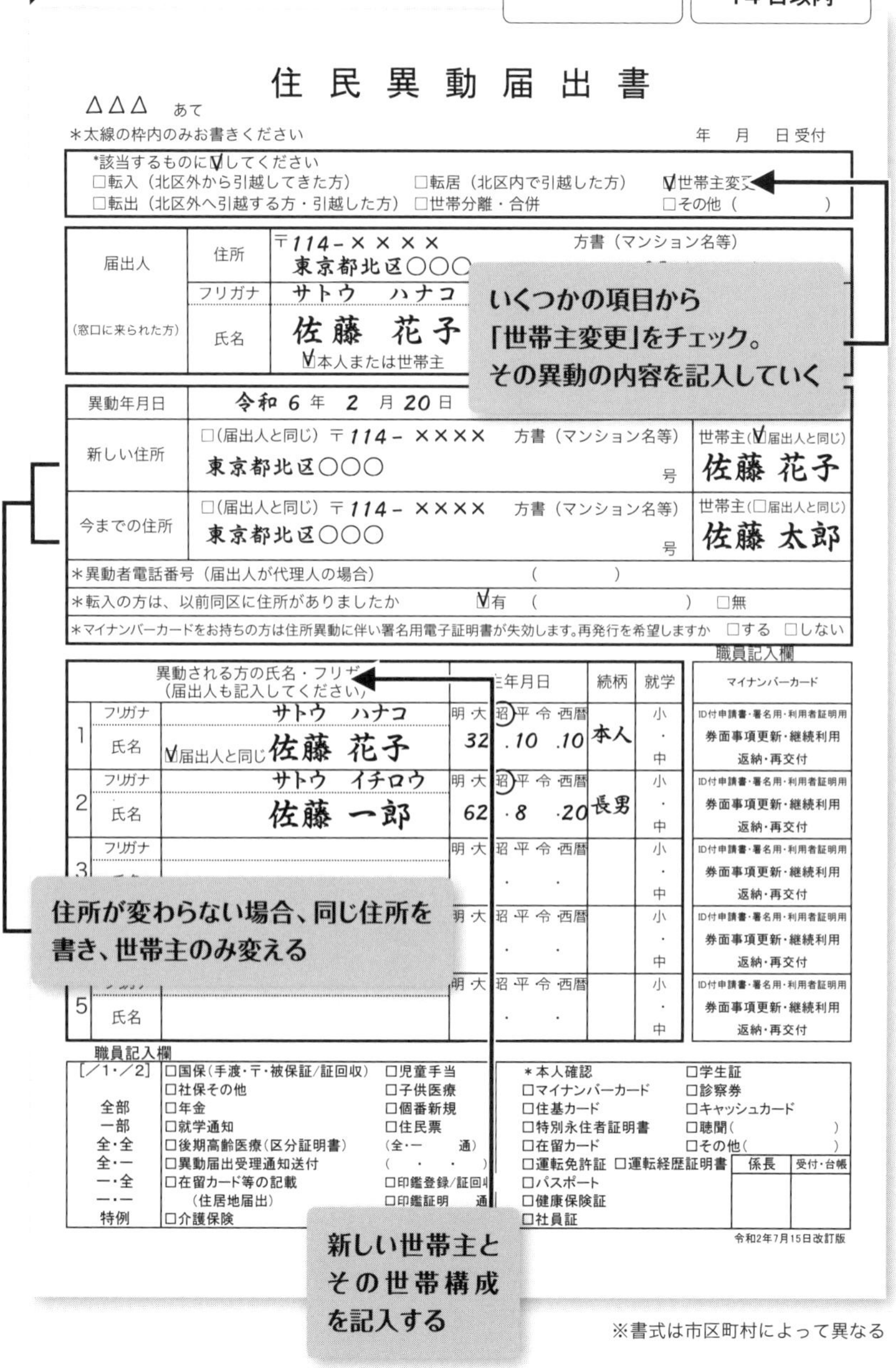
住民異動届出書
△△△　あて
＊太線の枠内のみお書きください　　年　月　日受付
*該当するものに☑してください
□転入（北区外から引越してきた方）　□転居（北区内で引越した方）　☑世帯主変更
□転出（北区外へ引越する方・引越した方）　□世帯分離・合併　□その他（　）
届出人（窓口に来られた方）　住所　〒114－××××　東京都北区〇〇〇　方書（マンション名等）
フリガナ　サトウ　ハナコ
氏名　佐藤　花子　☑本人または世帯主
異動年月日　令和 6 年 2 月 20 日
新しい住所　□（届出人と同じ）〒114－××××　東京都北区〇〇〇　方書（マンション名等）号　世帯主（☑届出人と同じ）佐藤 花子
今までの住所　□（届出人と同じ）〒114－××××　東京都北区〇〇〇　方書（マンション名等）号　世帯主（□届出人と同じ）佐藤 太郎
＊異動者電話番号（届出人が代理人の場合）（　）
＊転入の方は、以前同区に住所がありましたか　☑有（　）□無
＊マイナンバーカードをお持ちの方は住所異動に伴い署名用電子証明書が失効します。再発行を希望しますか　□する　□しない

	異動される方の氏名・フリガナ（届出人も記入してください）	生年月日	続柄	就学	マイナンバーカード（職員記入欄）
1	フリガナ サトウ ハナコ / 氏名 ☑届出人と同じ 佐藤 花子	明・大・昭・平・令・西暦 32.10.10	本人	小・中	ID付申請書・署名用・利用者証明用 券面事項更新・継続利用 返納・再交付
2	フリガナ サトウ イチロウ / 氏名 佐藤 一郎	明・大・昭・平・令・西暦 62.8.20	長男	小・中	ID付申請書・署名用・利用者証明用 券面事項更新・継続利用 返納・再交付
3	フリガナ / 氏名	明・大・昭・平・令・西暦		小・中	ID付申請書・署名用・利用者証明用 券面事項更新・継続利用 返納・再交付
4		明・大・昭・平・令・西暦		小・中	ID付申請書・署名用・利用者証明用 券面事項更新・継続利用 返納・再交付
5	氏名	明・大・昭・平・令・西暦		小・中	ID付申請書・署名用・利用者証明用 券面事項更新・継続利用 返納・再交付

職員記入欄
［／1・／2］ 全部 一部 全・全 全・一 一・全 一・一 特例
□国保（手渡・〒・被保証/証回収）□社保その他 □年金 □就学通知 □後期高齢医療（区分証明書）□異動届出受理通知送付 □在留カード等の記載（住居地届出）□介護保険
□児童手当 □子供医療 □個番新規 □住民票（全・一　通）（　・　・　）□印鑑登録/証回収 □印鑑証明　通
＊本人確認 □マイナンバーカード □住基カード □特別永住者証明書 □在留カード □運転免許証 □運転経歴証明書 □パスポート □健康保険証 □社員証
□学生証 □診察券 □キャッシュカード □聴聞（　）□その他（　）
係長　受付・台帳
令和2年7月15日改訂版

いくつかの項目から「世帯主変更」をチェック。その異動の内容を記入していく
住所が変わらない場合、同じ住所を書き、世帯主のみ変える
新しい世帯主とその世帯構成を記入する

※書式は市区町村によって異なる

■本人確認の書類がますます重要に！

世帯主の変更届の提出の際は、提出する人の印鑑のほか、運転免許証やパスポートなどの本人確認書類が必要です。最近では、本人確認書類としてマイナンバーカードも一般的になってきました。

世帯主の変更届に限らず、市区町村役場で行う手続きでは、提出・申請する人の本人確認が厳格になっています。公的手続きにあたっては「顔写真入りの証明書」の提出が必要な可能性が高いため、持参するようにしましょう。

1-5

ひとり親家庭となるケースは児童扶養手当の受給手続きを！

身近な人が亡くなったことにより市区町村役場を通して受給できる手当もあります。それが、ひとり親家庭が受給できる**児童扶養手当**です。

■受給額は、所得や子どもの数によって異なる

受給額は次ページの表のように、子どもの数や所得制限などによって異なります。細かな受給要件はありますが、ひとり親となった家庭で、子が18歳未満（心身に一定の障害がある場合は20歳未満）だと適用される可能性があると考えてください。

受給するには亡くなった日から14日以内に市区町村役場に**児童扶養手当認定請求書**（38・39ページ）を提出し審査を受けます。なお、後述する遺族年金の額との調整もあります。

児童扶養手当の受給額と所得制限

2024年11月1日からの児童扶養手当法の一部改正により、下記の額となっています。

受給額

児童の数	全額支給の額	一部支給の額
第1子	月額45,500円	月額45,490円 ～ 10,740円（10円刻み）
第2子	月額10,750円	月額 10,740円 ～ 5,380円（10円刻み）
第3子以降（1人につき）	月額10,750円	月額 10,740円 ～ 5,380円（10円刻み）

市区町村によって支給額は異なるケースがあります。
第3子以降の加算額が引きあげられ、第2子と同額になりました。

所得制限表

※金額は所得制限限度額

扶養親族等の数	ひとり親本人の所得		扶養義務者の所得
	全額支給になる所得	一部支給になる所得	
0人	69万円	208万円	236万円
1人	107万円	246万円	274万円
2人	145万円	284万円	312万円
3人	183万円	322万円	350万円
4人	221万円	360万円	388万円
5人	259万円	398万円	426万円

以下、1人増えるごとにプラス38万円

面）

あなたと、あなたの配偶者・同居している扶養義務者の所得について

㉔ 年分所得	㉕ 請求者	㉖ 配偶者	㉗ 扶養義務者	
氏名		なし		
㉘ 個人番号				
㉙ 同一生計配偶者及び扶養親族の合計数（うち老人扶養親族の数（請求者については、㋑70歳以上の同一生計配偶者及び老人扶養親族の合計数㋺特定扶養親族の数㋩16歳以上19歳未満の控除対象扶養親族の数）	人 (㋑ 人) (㋺ 人) (㋩ 人)	人 (人)	人 (人)	
㉚ ㉙以外で請求者によって生計を維持していた児童	人			
所得額 ㉛ 児童扶養手当法施行令第4条第1項による所得の額	円	円	円	円
㉜ 児童扶養手当法施行令第3条に定める金品等の額	円	円	円	円
母又は父に対し支払われた額	円	円	円	円
母又は父に対し支払われた額の8割相当額 A	円	円	円	円
児童に対し支払われた額	円	円	円	円
児童に対し支払われた額の8割相当額 B	円	円	円	円
合計 A＋B	円	円	円	円
控除 ㉝ 障害者控除	障 人・特 人 円	障 人・特 人 円	障 人・特 人 円	障 人・特 人 円
㉞ 寡婦控除・ひとり親控除（請求者が母又は父の場合は控除しない。）、勤労学生控除等	寡・ひとり・勤 円	寡・ひとり・勤 円	寡・ひとり・勤 円	寡・ひとり・勤 円
㉟ 雑損控除	円	円	円	円
㊱ 医療費控除	円	円	円	円
㊲ 小規模企業共済等掛金控除	円	円	円	円
㊳ 配偶者特別控除	円	円	円	円
㊴ 地方税法附則第6条第1項による免除（肉用牛の売却による事業所得）	円	円	円	円
㊵ 控除後の所得額	円	円	円	円
所得制限限度額 全部支給	円	円	円	円
所得制限限度額 一部支給	円			

関係書類を添えて、児童扶養手当の受給資格の認定を請求します。

R6 年 10 月 15 日

氏名 鈴木 花子

※審査				
公的年金照合	あり 種類（ ） / なし	①〜㉓の欄及びその他の記載事項	身分及び生計維持関係の確認	あり ・ なし
		㉔〜㊵の欄の記載事項	課税台帳との照合	あり ・ なし
年 月 日		担当者氏名		

※添付書類
戸籍 イ 事実婚解消の申立書・証明 ロ 診断書・X線フイルム ハ 生死不明証明書 ニ 遺棄申立書・証明・遺棄調書
ホ 拘禁の証明書 ヘ 養育費等に関する申告書 ト 保護命令決定書 チ 公的年金給付等受給証明書
住民票 養育申立書・証明、別居監護申立書・証明、前住地の所得証明書、児童扶養手当請求関係調書、預金通帳の写し、公的年金調書、
その他（ ）

備考

本人が署名し、又は記名押印してください。

申請者と対象児童のみで住んでいる場合は「なし」と記入

市区町村の審査を経て判定される。その後、振込口座の照会などが行われる

※書式は市区町村によって異なる

児童扶養手当認定請求書の記載例

どこで
市区町村役場

いつまでに
死亡して14日以内

第１号様式（第３条関係）　（表

児童扶養手当　認定請求書

あなたのことについて

①ふりがな 氏名・性別	スズキ　ハナコ　鈴木 花子　男・(女)
③生年月日	S57・6・21生
④障がいの有無	ある・(ない)
⑤配偶者の有無	ある・(ない)
②個人番号	234567890
⑥住所	文京区〇〇〇
⑦支払希望金融機関	銀行等名 △△銀行　支店等名 △△支店　口座種類 (普通)・当座　口座番号 1234567
⑧職業又は勤務先名	なし
⑨勤務先所在地	
⑩公的年金受給状況	受けることができる／支給停止／受けることができない　種類（　）　基礎年金番号・年金コード（　）　年額（　円）
⑪児童の父又は母の死亡による遺族補償の受給状況	受けることができる／支給停止／受けることができない　種類（　）　基礎年金番号・年金コード（　）　年額（　円）
⑫養育費の取決めの有無	ある・ない

児童のことについて

項目	1人目	2人目	3人目
⑬児童の氏名（生年月日）	鈴木 二郎（H22・4・30生）		
⑭個人番号			
⑮請求者との続柄・同居別居の別	長男　(同居)・別居	同居・別居	同居・別居
⑯監護等を始めた年月日	・ ・	・ ・	・ ・
⑰障がいの状態の有無	ある・(ない)	ある・ない	ある・ない
⑱(父)・母の状況について（該当するものに○をする）	イ 離婚 (ロ 死亡) ハ 障がい ニ 生死不明 ホ 遺棄 ヘ 保護命令 ト 拘禁 チ 未婚 リ その他（　）	イ 離婚 ロ 死亡 ハ 障がい ニ 生死不明 ホ 遺棄 ヘ 保護命令 ト 拘禁 チ 未婚 リ その他	イ 離婚 ロ 死亡 ハ 障がい ニ 生死不明 ホ 遺棄 ヘ 保護命令 ト 拘禁 チ 未婚 リ その他
⑲父 氏名	鈴木 一郎		
⑲父 生年月日	S53・12・16		
⑲父 現在父が死亡・生死不明・拘禁のときは、その該当事由及び該当年月日	（死亡）R1・1・21	（　）・ ・	（　）・ ・
⑳母 氏名	鈴木 花子		
⑳母 生年月日	S57・6・21	・ ・	・ ・
⑳母 現在母が死亡・生死不明・拘禁のときは、その該当事由及び該当年月日	（　）・ ・	（　）・ ・	（　）・ ・
㉑児童が父若しくは母の死亡により受けることができる公的年金・遺族補償の受給状況又は児童が加算の対象となっている父若しくは母の公的年金の受給状況	受けることができる／支給停止／受けることができない　種類（　）　基礎年金番号・年金コード（　）　年額（　円）	同左	同左
㉒あなたが障害基礎年金等を受けることができるとき：あなたが受けることができる公的年金（児童を有する者に係る加算額に係る部分に限る。）の受給状況	受けることができる／支給停止／受けることができない　種類（　）　基礎年金番号・年金コード（　）　年額（　円）	同左	同左
㉓父又は母が障がいであるとき：身体障害者手帳の番号及び障害等級			
㉓年金の種類・障害等級			
㉓父若しくは母の職業又は勤務先			

※認定・却下	支給開始年月	対象児童数	支給停止
	年　月	人	全部支給・一部停止・全部停止

◎ 裏面の注意をよく読んでから記入してください。 ※の欄は記入する必要がありません。字は楷書ではっきり書いてください。氏名欄には、

無職の場合は「なし」と記入する

18歳までの子どもをすべて記入する

基礎年金番号は父もしくは母の年金手帳により確認して記入。遺族年金と調整されることもある

親の死亡のほか、離婚、生死不明などの場合にも受給できる

1-6 葬儀やお墓、埋葬方法の基礎知識

「葬儀ってどう執り行えばいいの?」「喪主なんて初めてだ」という人もいます。葬儀社に依頼すれば、全部行ってもらえるともいえますが、基本的な知識として、葬儀を執り行うことから、お墓、埋葬の方法などを確認しておきましょう。

■葬儀社に依頼する場合は、段取りをしっかり打ち合わせる

葬儀はおおむね、仏式、神式、キリスト教式に大別され、それぞれに宗派・様式があります。さらに、宗派や様式には、地域に応じた違いもあります。なお、「家族のみで無宗教葬を執り行いたい」といった場合、これらの宗派や様式にはとらわれないやり方を葬儀社と相談し、葬儀を執り行うことができます。

そのため、特段の事情がない限り、葬儀社と相談しながら葬儀社が対応できる様式で執り行うことになるでしょう。

日本では仏式が多いので、ここでは仏式の流れを見ていきます。通常は**亡くなった人との最後の夜となるのが通夜**。その**翌日が告別式**です。

通常は、通夜で参列者を迎えるのは、通夜当日の夕方から2~3時間ほどです。地域や葬儀のやり方によっては、一晩中、ろうそくの火や線香を絶やさず焚き続け、その間、遺族が交代で故人や祭壇を見守ることもあります。

また、別れを惜しむ遺族への対応のほか、遠方の参列者が通夜と告別式の両方に参列する場合などに備えて、宿泊施設（宿泊所）を併置した斎場もあります。葬儀社が用意できるそうした施設を利用する場合には、宿泊人数や食事の対応などを事前に確認しておきましょう。

葬儀に関する諸々の段取りを喪主自身が率先して行う場合もあれば、誰か世話役を立てて行う場合もあります。地域によっては、喪主は通夜と告別式のあいさつを行うのみで、他のいっさいの段取りは世話役が担う場合もあります。

世話役は信頼できる親族のうちの一人が責任を持って担うケースもあれば、責任者のほか、故人の職場の同僚数人と共同で担うようなケースもあります。後者の場合は、受付、会計、進行、接待などを分担して対応することになるでしょう。実態は葬儀の様式、規模、参列者の数などによって変わってきます。

■お墓と埋葬方法については、事前に確認しておく

故人の遺骨を納めるお墓がすでにある場合、**納骨は四十九日の法要にあわせて行う**ことが多いでしょう。納骨の際には、故人を荼毘にふしたあと、火葬場から受け取った埋葬許可証のほか、霊園の場合はその霊園の使用区画の墓地の使用権を証明する**墓地使用許可証**が必要になります。

納骨は四十九日の法要の流れのなかで行われるケースもあれば、納骨式として四十九日の法要のあと、明確に区切って行うケースもあります。納骨式に家族だけでなく、親族、故人の職場関係者なども加わる場合は、引き出物の用意が必要になるケースもあるでしょう。

なお、納骨の際に、お塔婆（故人が先祖を供養するために立てる木の板）を立てる宗派もあります。このお塔婆を立てる〝習わし〟は、同じ宗派でも地域や寺によって異なるケースもあります。

お塔婆を立てる場合は、寺や霊園管理事務所に依頼することを忘れないようにしましょう。とくに、「誰が立てるのか」はきちんと伝えます。法要で、立てた人の氏名を読み上げて読経するためです。

納骨するお墓がない場合、納骨できるようになるまで、自宅に仏壇があれば、骨壺・骨箱をそこに置いておくケースもあります。ただ、納骨できるお墓がなく、何年も自宅に遺骨を置いたままというのは気がかりになるものです。その場合も、一周忌をメドに、どこに埋葬するかを考えておくことをお勧めします。

お墓がない場合、ほとんどは、新たにお墓を建てることになります。最近では、お寺や霊園などで永代供養にしてもらったり、後述する樹木葬や散骨などお墓を建てずに埋葬したりする方法も一般的になってきました。

お墓は寺院の墓地、公営墓地、民営墓地のいずれかになります。**寺院の墓地**の場合はお墓を建てるまでの宗派は問われなくても、お墓を建てたらその寺の宗派に属し、その寺の檀家の一員になります（最近は、檀家にならなくてよいケースもあります）。

公営墓地は自治体（都道府県、市区町村）が運営している霊園です。利用にあたっては、利用者の住所地がその地域にあるなどの制限があります。

また、一般に墓地・霊園は利便性などの立地条件がよいとはいいがたい土地が利用されるケースが多いです。そのため、とくに高齢の遺族だと、納骨したあとの法要・墓参りが大変になることも想定されます。そうした点も、考慮するとよいでしょう。

民営墓地は宗教法人や公益法人が運営している墓地・霊園です。規模が大きければ施設も充実していますが、使用料が公営墓地に比べて高かったり、人気のある墓地では競争率が高かったりなどの点も考慮する必要があります。

これらのことを踏まえて、墓地選びをして、お墓に関してはその墓地と提携している墓石業者を紹介してもらうのもよいでしょう。

■散骨、樹木葬は必ず専門業者などと相談する

お墓を建てて納骨するという方法ではなく、最近は**散骨**（遺骨を粒状にして海・山・空・宇宙にまく方法）のほか**樹木葬**（墓石の代わりに樹木を利用する方法）も一般的になってきているようです。散骨や樹木葬の場合も、基本的に四十九日の法要の時期などにあわせて行うことになります。

なお、散骨や樹木葬は遺族が自由に思い出の場所などで行ってもよいというものではなく、地方自治体によっては条例を設けているところもあるため、専門業者と相談のうえ決めることをお勧めします。

お墓があってもなくても、故人が生きているうちに、「自分はどういうかたちで弔ってほしいか、埋葬してほしいか。また、今後は誰が墓守になるか」などについて話し合うのは決して悪いことではありません。むしろ、その話し合いによって、家族が互いに安心できることも多いでしょう。

1-7

葬儀社選びは、病院からの紹介のほか故人の生前の意向で決める

身近な人が亡くなってから葬儀の日まで数日。葬儀社をゆっくり選んでいる心と時間のゆとりはないでしょう。そうした背景もあってか、一般的に、葬儀社選びは次の四つの方法に限られてきます。

①大きな病院・寺の檀家筋などからの紹介を受ける
②故人が生前決めていた葬儀社に依頼する
③近隣にある葬儀社に連絡する
④インターネット・テレビＣＭなどで確認して選ぶ

いずれの場合も、葬儀社を決めて以降、葬儀から埋葬までの段取りの、かなりの部分を依

頼することになります。

■大きな病院・寺の檀家筋、老人ホーム等施設などからの紹介を受ける

自宅で看取るケースもありますが、総合病院などの入院できる大きな病院で臨終を迎えるケースが多いものです。

大きな病院で亡くなる場合、死亡診断書のやりとりのなかで、その病院が提携している葬儀社を紹介してくれるケースがあります。

また、故人がすでに寺の檀家である場合には、その寺や檀家筋から葬儀社を紹介されるケースもあります。

こうした大きな病院・寺の檀家筋などからの紹介での葬儀社選びの難点を挙げるとすれば、葬儀社ごとに扱っている葬儀の内容や料金がさまざまであるため、費用を抑えて親族だけで家族葬を行いたい場合や故人の遺志で一風変わった葬儀にしたい場合などに、紹介先の葬儀社が遺族の意向を踏まえた葬式を挙げることができるのかがわからない点が考えられます。

■故人が生前決めていた葬儀社に依頼する

故人に「私が死んだら、ここで葬儀を行ってね」などといわれていたケースもよくあります。いわゆる互助会組織のような葬儀社に、故人が生前から葬儀費用を積み立てているケースなどです。

そうした葬儀社に依頼する場合は、故人の意向に沿った葬儀になり、トラブルが生じにくいのがメリットですが、故人の生前の意向と遺族の意向とが食い違う場合には調整が必要になってきます。

■近隣にある葬儀社に連絡する

葬儀についてはとくに話し合っていなかった場合などは、近隣の葬儀社数件に連絡して、見積もりを出してもらって選ぶ方法も一般的です。しかし、身近な人が亡くなった日から1~2日のうちに決めないといけないなど、十分な検討がしづらい面もあります。

葬儀社が決まれば、一般的には葬儀に関わるいっさいのことを葬儀社が行い、また、代行してくれます。

葬儀の会場としては、自宅、葬儀社の斎場、寺もしくは寺院会館、公営の斎場などがありますが、遺族側としてはいずれの場合も、喪主、通夜・告別式の世話人などが葬儀社と綿密に話し合い、葬儀を執り行うことになります。

■インターネット・テレビCMなどで確認して選ぶ

最近では、インターネットやテレビＣＭを通じて葬儀社の存在を知り、自分たちに適した葬儀を行ってくれそうな葬儀社を選んで依頼する例も増えてきました。葬儀社としてもインターネットやテレビＣＭでは伝えきれないサービスを提供していることもあるので、複数の葬儀社の担当者に直接会い、確認することも必要です。

■葬儀費用の相場は本当に200万円?

一般に「葬儀費用は、２００万円くらいはかかる」といわれていますが、本当でしょうか。最近は葬儀の形態も多様化していますので、どのような葬儀を行うかで金額はかなり変わってきています。

葬儀費用は、主に葬儀一式費用、飲食接待費、寺院費用の三つの要素からなります。これらの費用のうち支払額が最も大きなものは葬儀一式費用ですが、火葬料、祭壇設営費、棺・骨壺などの費用のほか、葬祭場の使用料、霊柩車やマイクロバスの手配にかかる費用が含まれ、その相場は日本消費者協会やその他業者の情報を見ると１１０万～１４０万円です。

飲食接待費は通夜振る舞いや精進落としなど会葬者に料理を出してもてなすための費用で、会葬者の数によって大きく異なります。その相場は30万～60万円です。

寺院費用は寺院や僧侶に納めるお布施などですが、その相場は20万～50万円です。

次に葬儀の形式から費用を見てみましょう。形式はおおむね一般葬、家族葬、一日葬、直葬の４つに分類されます。

一般葬は、町内会や会社関係など多くの会葬者を呼ぶ一般的な葬儀で、その費用の相場は１００万～２００万円です。家族葬は家族や近親者だけで行い、その相場は60万～１００万円です。一日葬は、通夜を行わず告別式のみ執り行い、その相場は50万～１００万円です。

直葬は葬儀を行わずに火葬だけを行い、その相場は20万～50万円です。

葬儀費用は、地域の習わしや会葬者の数、家族と親戚の考え方によって大きく変わります。相続税申告の実情から葬儀費用を見ると、実際は相場と呼ばれるものとはかなり異なっています。相続税を納めるいわゆる富裕層でも、葬儀に２００万円近い費用をかけているケースはまれです。高い場合でも１００万円程度に収まり、最近では50万円を下回るケースも増えています。葬儀費用の負担を軽減するには、適切な葬儀の形式を選ぶ、相見積もりをとる、補助制度を利用する、故人の遺産から支払う、などの方法を検討してみましょう。

なお、これらの金額はあくまで参考数値であり、個々の業者や故人の生前の思い、遺族の意向などにより、変わってきます。

1-8 葬儀に関する費用の税務処理

葬儀には、式場の費用のほか、火葬料、火葬場との往復の車代、お浄めの飲食接待費など、さまざまな出費があります。それら費用のいっさいを「葬儀費用　150万円」などと記しておくのではなく、できれば**明細とともに記録に残しておく**ことをお勧めします。

■葬儀費用は相続税の控除の対象になる

明細の記録を残しておいたほうがよい理由の第一は、相続税を納める必要がある場合、その税額の計算上、葬儀費用は相続財産から控除できるからです。

■相続税の計算の大まかな流れ

詳しくは後述しますが、相続税の計算のごく大まかな流れを述べると、まず故人の相続財産が全体でいくらかを計算します。そして、その財産に生命保険などのみなし相続財産の価額を加算し、非課税財産の価額、債務と葬式費用を控除します。

これらの計算によって、課税対象となる相続財産の全体の額が確定し、その額に応じた相続税額が決まります。そして、実際の納税は相続を受けた人が受けた額に応じて納めることになります。

この流れのなかで、たとえば相続財産が1000万円あって葬儀費用が200万円かかったとすると、1000万円－200万円で800万円が課税価格となるわけです。

実際に相続税を納め、その申告に関する税務調査が入った場合には、葬儀費用の内訳を細かく確認されることもあり得ます。そのために、明細を控えておいたほうがよいのです。

なお、税務上は次ページの図のように、葬儀費用として「控除できるもの」と「できないもの」があります。

葬儀費用として控除できるものとできないもの

(1) 葬儀費用として控除できるもの

①葬式もしくは葬送に際し、またはこれらの前において、埋葬、火葬、納骨または遺骸、もしくは遺骨の回送その他に要した費用（仮葬式と本葬式とを行うものにあっては、その両者の費用）

②葬式に際し、施与《せよ》した金品で、被相続人の職業、財産その他の事情に照らして相当程度と認められるものに要した費用

③上記①または②に掲げるもののほか、葬式の前後に生じた出費で通常葬式にともなうものと認められるもの

④死体の捜索または死体もしくは遺骨の運搬に要した費用

具体的には？

通夜の費用、本葬費用、葬式会場の借上げ費用、通夜・葬儀時の飲食代、読経料、御布施、御車代、戒名料、心付け、死亡診断書文書料、納骨費用など

心付けの相場は
2000～5000円です。

(2) 葬儀費用として控除できないもの

①香典返戻費用

②墓碑および墓地の買入費ならびに墓地の借入料

③法要に要する費用

④医学上または裁判上の特別の処置に要した費用

具体的には？

香典返し費用、墓地・仏具購入費用、法要（初七日、四十九日、一周忌、三回忌など）費用、永代供養料、遺体解剖費用、喪服の借損料・新調代など

香典返しは一般的に受け
取った額の半分ほどですが、
葬儀社が手配してくれます。

1-9

お墓を改葬する場合、墓じまい、永代供養の方法と手続き

身近な人の葬儀を機に、遠方にあるお墓を手軽に供養に行けるところに移したいといったケースもあるでしょう。そのような場合に行うのが改葬です。

その場合の原則は、「新しい埋葬先が決まってから移す」ということです。新しい埋葬先が決まらないいまま、ひとまず現在のお墓から遺骨を取り出して、それから新しい埋葬先に移すことは認められていません。

■まず新しい埋葬先から受入れ証明書をもらう

手順としては56ページの図のようになり、新しい埋葬先、これまでの埋葬先の両方の市区町村役場での手続きが必要です。

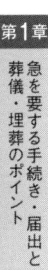

改葬の手順

①新しい埋葬先を決める

↓

②新しい埋葬先から、受入れ証明書や墓地利用許可証を入手する

↓

③現在のお墓がある市区町村役場で、改葬許可申請書（埋葬証明書）を入手する

↓

④現在のお墓の管理者に署名・押印してもらい、許可を得る

↓

⑤現在のお墓のある市区町村役場に必要事項を記入した改葬許可申請書、受入れ証明書など必要書類を提出し、改葬の許可を受ける

↓

⑥新しいお墓のある市区町村役場に改葬許可証を提出し、新しい墓に埋葬する

新旧両方のお墓、市区町村役場での手続きが必要

また、60・61ページに**改葬許可申請書**の記載例を挙げておきます。

改葬では、新旧の両方のお墓で、供養・法要を行うことが一般的で、とくに新しいお墓では必ず納骨の法要を行います。新しいお墓を建てる費用と法要をあわせると、１００万～２５０万円のお金がかかるのが一般的です。

これまでのお墓については、いわゆる原状を回復させるための費用のほか、寺や宗派、地域によってはこれまでのお墓のある寺から檀家を離れるための離檀料を請求されるケースもあります。その相場は寺や宗派、地域によって異なる面もあり、明確に示すことはできませんが、10万～20万円が一般的な価格でしょう。それも、明確に「離檀料」と銘打った費用ではなく、これまで寺にお世話になったお礼としての「お布施」というかたちで渡すこともあります。

また、これまでの墓石を再利用する場合、墓石の運搬費用だけで済むこともありますが、新たにお墓を建てる場合は、墓石費用がかかります。

事実上、一時期とはいえ2か所にお墓（墓地）があることになり、移す準備をするための費用が高額になることもあります。この点は留意しておきたいものです。

■墓じまい・永代供養も一般的になってきた

別のお墓に移す（改葬する）のではなく、墓じまいをする、また、永代供養にするケースも一般的になってきました。なお、墓じまいと永代供養はまったく別物というわけではなく、永代供養にして墓じまいとしたり、墓じまいをするために永代供養にしたりということもあります。

一般的に墓じまいを行うには、まず、親族間で相談し、事前に同意を得て、改葬に必要な手続きや書類を揃えます。その後、これまでの墓地管理者への改葬の意思を伝え、新しい納骨先を決めて前述した改葬許可証を取得します。この改葬許可証の取得は行政上、必要な手続きです。墓地管理者としては、墓石の閉眼供養（魂抜き）、遺骨の取り出しを行います。そして、墓石の撤去や解体工事を経て、墓地の利用者としては、使用権を返還します。こうした手続きのあと、遺骨の受け入れ先に納骨することで、墓じまいは完了します。

別のお墓を設けない場合の遺骨の受け入れ先としては、樹木葬や永代供養墓、納骨堂・屋内墓苑、合祀墓（共同墓）、散骨、手もとに置いて供養するなどの方法があり、永代供養は別のお墓を設けない場合の一つのケースです。

永代供養では、原則として事前に供養料を一度支払えば、年間管理料はかかりません。お寺の墓地や霊園では、同じ敷地内に永代供養墓があることも多いでしょう。

なお、永代供養した場合、骨壺で納めるケースは少なく、納骨後に改葬することはほとんどできず、長い年月のうちに（場合によっては最初から）他の遺骨と一緒に合祀されます。このようなことも故人や遺族の意向に沿ったものか事前に永代供養先のお寺や霊園に確認し、検討しておきましょう。

申　請　書

第　　　　　号

	死亡年月日	火葬または埋葬の年月日	申請者との続柄
	昭和 11年 6月 以下不詳	昭和 11年 6月 以下不詳	祖父
	平成 2年 8月 2日	平成 2年 8月 5日	母
	昭和 30年 以下不詳	昭和 30年 以下不詳	祖父の弟の子
	不詳	不詳	不詳
	年　月　日	年　月　日	

申請者	住所	東京都台東区○○○		
	氏名	佐藤 三郎　㊞		
	電話	03-○○○○-○○○○	墓地使用者との関係	姉の子

連署のうえ申請します。

墓地使用者の同意欄

上記の改葬を認めます。

令和　6 年 7 月 10 日

住所　東京都台東区○○○

氏名　佐藤 和子　㊞

改葬前の墓地を使用している人(墓守)の同意のうえ、申請する

※書式は市区町村によって異なる

改葬許可申請書の記載例

どこで	いつまでに
市区町村役場	事由が発生した時すみやかに

改　葬　許　可

東京都××区長　殿

死亡者の氏名	性別	死亡者の本籍	死亡者の住所
佐藤 太郎	(男)・女	東京都台東区○○○	東京都台東区○○○
佐藤 花子	男・(女)	東京都台東区○○○	東京都台東区○○○
佐藤 以下不詳	男・(女)	東京都台東区 以下不詳	東京都台東区 以下不詳
不詳	不詳	不詳	不詳
	男・女		
埋葬の場所	東京都台東区△△△		
改葬の場所	青森県青森市○○○		
改葬の理由	(1) 墓地新設のため　2 墓地合併のため		

令和　6 年　8 月　8 日　　改葬許可につ…

上記のとおり埋葬・埋蔵・収蔵していることを証明…

令和　6 年　7 月　15 日

埋葬元の墓地管理者
住　所　東京都台東区△△△
氏　名　台東寺　住職　竹田 一郎　㊞

上記の遺骨の受入れについて、支障がないことを証明します。

令和　6 年　7 月　20 日

改葬先の墓地管理者
住　所　青森県青森市○○○
氏　名　××　住職　吉田 二郎

古くからのお墓で詳細が不明の場合は「不詳」と記入する

東京都台東区にあるお墓を青森市のお墓に移すケース。新旧両方の墓地管理者の証明を受ける

第2章

年金・保険・銀行など もれなく押さえておきたい お金まわりの手続き

2-1

公的年金のしくみと遺族年金の手続きを押さえる

身近な人、とくに高齢の夫婦で配偶者が亡くなった時、「年金はどうなるのだろう?」と誰しもが思うものではないでしょうか。手続きとしてはまず、故人が受け取っていた年金の受給停止の申請がありますが、その前に、そもそもの「公的年金のしくみ」がどうなっているか、概略を理解しておきましょう。

■〝2階建て構造〟になっている年金制度

まず、年金は20歳以上原則60歳未満（高齢任意加入被保険者は60歳以上でも加入できる）の国民全員が加入する国民年金と、勤め人などが加入する厚生年金があります。この国民年金と厚生年金は次ページの図のように2階建ての構造になっています。

年金制度の2階建て構造

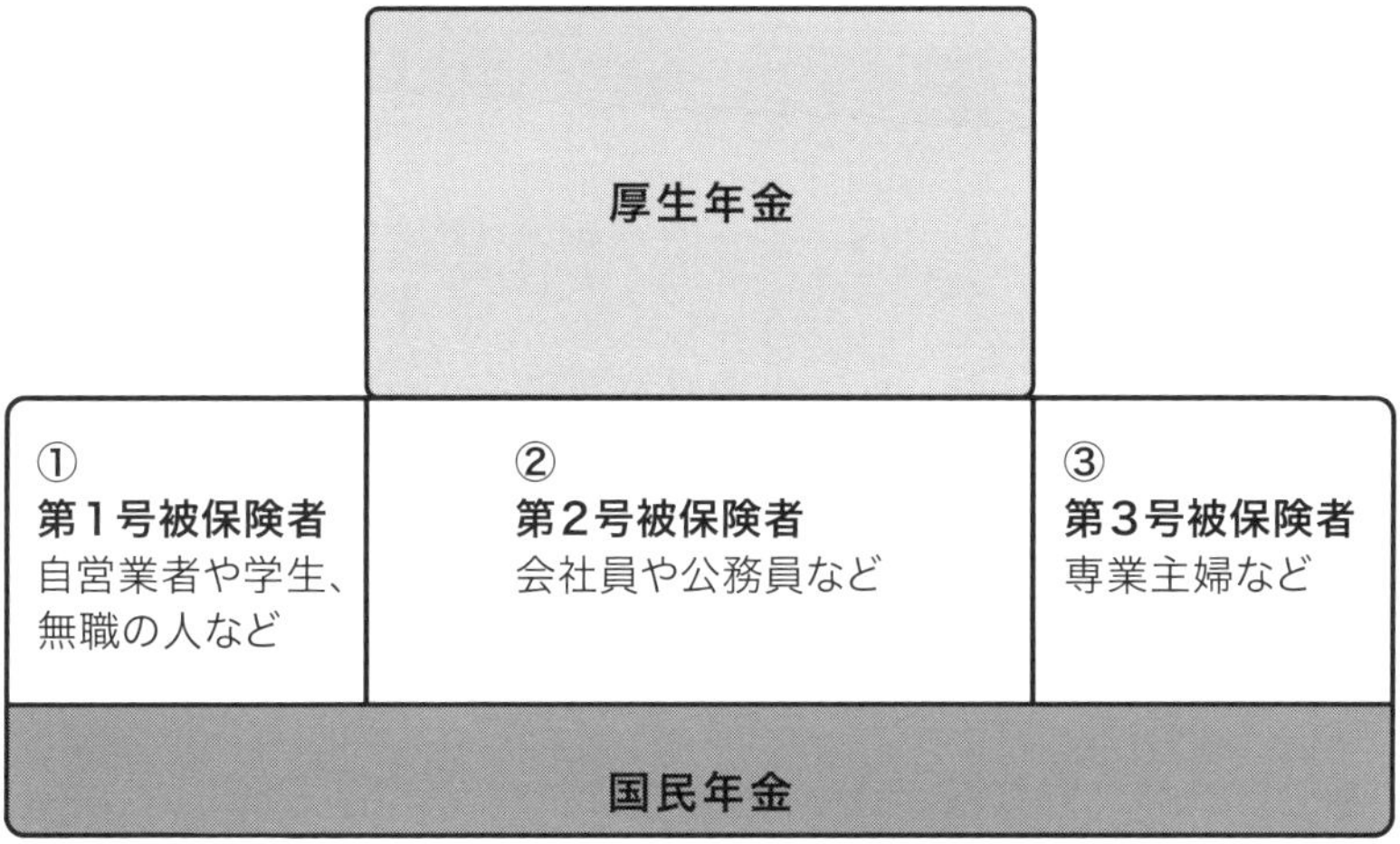

遺族年金（68・69ページ）も同じ構造になっている

国民年金の被保険者は上図の①～③の3種類に区分されます。

それぞれの区分によって保険の受給などの扱いが異なります。そして、厚生年金は前記②の第2号被保険者の上に乗っている構造になります。

毎月納める保険料は、国民年金は定額で2024年度は1万6980円です（①の場合・②の場合は負担はありません）。それに対して厚生年金の保険料は給料（月額）に応じて区分（等級）があり、その区分に応じた保険料を原則的に労働者（社員）と使用者（会社）が半額ずつ負担する労使折半というかたちで納めます。

受給額については、国民年金は納付した期

間に応じた額が原則65歳から受給できます（2024年度の満額は年81万6000円、月6万8000円）。厚生年金は受給できる開始年齢が60歳でしたが、段階的に開始年齢が変わっていき、2025年度（女性は2030年度）には65歳となります。

■遺族が受け取れる年金とは？

年金は原則として保険料を納めた期間などに応じて本人が受け取ります。ただし、本人以外が受け取れる制度もあります。その代表例が、故人の遺族が受給できる遺族年金です。

遺族年金も遺族基礎年金と遺族厚生年金の2階建て構造になっていて、それぞれ68・69ページの図のように受給要件や受給額が異なります。また、遺族年金が受給できない場合でも、死亡一時金や寡婦年金（女性の場合）を受給できるケースがあります。

■受給できるまでは時間がかかるので要注意！

では、遺族年金の手続きです。71～74ページに挙げた**年金請求書**に必要事項を記入して、故人と遺族年金を受給する人の年金手帳、故人の戸籍謄本、死亡診断書のコピーなどの必要書類をあわせて提出すればOKです。後述する寡婦年金も同様ですが、年収850万円以上の遺族には受給資格がありません。

年金請求書の提出後、1~2か月のうちには年金決定通知書が届きます。さらに、年金振込通知書が届き、支給が開始されます。

年金が2階建ての構造となっているのと同様に、国民年金からは遺族基礎年金を、厚生年金からは遺族厚生年金を受給できます。遺族基礎年金のみの申請の場合は、受給する人の住所地の市区町村役場で手続きをします。

遺族年金の手続きそのものは、年金請求書に記入して提出するだけであり、決してむずかしいものではありません。ただし、申請にあたっては、故人の生前の公的年金の加入歴の確認も必要ですし、また、年金事務所や市区町村役場の裁定という作業もあるので、請求してから受給できるようになるまでに、通常は数か月かかります。そのため、早めの受給手続きを心がけるとよいでしょう。

受給額

死亡した人の老齢厚生年金の報酬比例部分の４分の３の額。なお、受給要件の①〜③にもとづく遺族厚生年金の場合、報酬比例部分の計算において、厚生年金の被保険者期間が300月（25年）未満の場合は、300月とみなして計算。65歳以上で老齢厚生（退職共済）年金を受け取る権利がある人が、配偶者の死亡による遺族厚生年金を受け取る時は、「死亡した人の老齢厚生年金の報酬比例部分の４分の３の額」と「死亡した人の老齢厚生年金の報酬比例部分の額の２分の１の額と自身の老齢厚生（退職共済）年金の額の２分の１の額を合算した額」を比較し、高いほうの額が遺族厚生年金の額となる

●報酬比例部分（AとBの合計額）

A：平成15年３月以前の加入期間

$$平均標準報酬月額 \times \frac{7.125}{1000} \times 平成15年3月までの被保険者期間の月数$$

B：平成15年４月以降の加入期間

$$平均標準報酬額 \times \frac{5.481}{1000} \times 平成15年4月以後の被保険者期間の月数$$

なお、平成６年の水準で標準報酬を再評価し、年金額を計算した従前額保証があり、上記の計算式で算出した額が従前額を下回る場合は、従前額が報酬比例部分の額になる

受給額

①子のある配偶者が受け取る時

　昭和31年４月２日以後生まれ……816,000円＋子の加算額

　昭和31年４月１日以前生まれ……813,700円＋子の加算額

②子が受け取る時

（次の金額を子の数で割った額が、１人あたりの額）

816,000円+２人目以降の子の加算額

・１人目及び２人目の子の加算額　各234,800円

・３人目以降の子の加算額　各78,300円

（令和６年度）

遺族基礎年金と遺族厚生年金の受給要件・受給額

遺族厚生年金

受給要件

次の①から⑤のいずれかの要件を満たしている人が死亡した時
①厚生年金保険の被保険者である間に死亡した時
②厚生年金の被保険者期間に初診日がある病気やけがが原因で初診日から5年以内に死亡した時
③1級・2級の障害厚生（共済）年金を受け取っている人が死亡した時
④老齢厚生年金の受給権者であった人が死亡した時
⑤老齢厚生年金の受給資格を満たした人が死亡した時

対象者

死亡した人に生計を維持されていた以下の遺族のうち、最も優先順位の高いほう。遺族基礎年金を受給できる遺族はあわせて受給できる
①子のある配偶者
②子（18歳になった年度の3月31日までにある人、または20歳未満で障害年金の障害等級1級または2級の状態にある人）
③子のない配偶者
④父母（死亡当時に55歳以上である人）
⑤孫（18歳になった年度の3月31日までにある人、または20歳未満で障害年金の障害等級1級または2級の状態にある人）
⑥祖父母（死亡当時に55歳以上である人）

遺族基礎年金

受給要件

①国民年金の被保険者である間に死亡した時
②国民年金の被保険者であった60歳以上65歳未満の人で、日本国内に住所を有していた人が死亡した時
③老齢基礎年金の受給権者であった人が死亡した時
④老齢基礎年金の受給資格を満たした人が死亡した時

対象者

死亡した人に生計を維持されていた以下の遺族。なお遺族厚生年金を受給できる遺族はあわせて受給できる
①子のある配偶者
②子

■受給期間についても制限がある

遺族年金は、受給できる遺族（受給権者）が他界するまで、ずっと得られるという性質のものではありません。受給権者が他界した場合はもちろんのこと、離縁した（姻族関係を終了した）、再婚した、養子縁組をしたなどの場合には、受給権がなくなります。

妻が受給権者で、30歳未満で受給した場合、遺族厚生年金では5年が経過すると受給権がなくなる措置もあります。子や孫が受給権者である場合、18歳の年度末を迎えた時に受給権がなくなるなどの年齢制限もあります。

そのほか、夫が亡くなった時に妊娠していた妻の子が生まれた場合には、生まれてきた子に受給権があるため、故人の父母・祖父母、場合によっては孫の受給権がなくなります。

皆さんが感じているとおり、年金制度はとても複雑になっています。そのため、「遺族年金が受給できるかも?」と思ったら、最寄りの年金事務所や市区町村役場に詳細を問い合わせてみることをお勧めします。

年金請求書（遺族年金）の記載例

どこで
年金事務所

いつまでに
受給権発生から5年以内

（1枚目）

受付登録コード 1 7 3 2
入力処理コード 6 3 0 0 0 3
年金コード 6 4 5

年金請求書（国民年金遺族基礎年金）

様式第108号

⑧ ★市区町村 受付年月日　年金事務所 受付年月日

○□のなかに必要事項をご記入ください。（◆印欄には、なにも記入しないでください。）
○黒インクのボールペンでご記入ください。鉛筆や、摩擦に伴う温度変化等により消色するインクを用いたペンまたはボールペンは、使用しないでください。
○フリガナはカタカナでご記入ください。
○この請求書は市区町村役場またはお近くの年金事務所にご提出ください。

⑤記録不要制度（厚年）（船員）（国年）（国共）（地共）（私学）　⑥作成原因 01 02　⑦進達番号
⑨別紙区分　⑩重

※個人番号(マイナンバー)で届出する場合は、本人確認書類が必要です。

死亡した方	❶基礎年金番号	×××××××××××
	❷生年月日	明・大・㊗昭・平・令　14 09 20
	⑯氏名	(フリガナ)(氏)ヤマダ 山田　(名)タロウ 太郎　性別 ①男 2.女
請求者	❸個人番号（マイナンバー）／基礎年金番号	××××××××××××
	❹生年月日	明・大・昭・平・令　16 05 08
	⑰氏名	(フリガナ)(氏)ヤマダ 山田　(名)ハナコ 花子　⑱続柄 妻　性別 1.男 ②女
	⑲住所の郵便番号	168××××
	⑳住所	住所コード ◆　(フリガナ)スギナミ 杉並 市(区)町村　○○○○

死亡した方	過去に加入していた年金制度の年金手帳の記号番号で、基礎年金番号と異なる記号番号がある… 厚生年金保険（または船員保険）／国民年金
請求者	❸欄を記入していない方は、つぎのことにお答えください。（記入した方は回答の必要はあり… 過去に厚生年金保険、国民年金または船員保険に加入したことがありますか。○で囲んで… 「ある」と答えた方は、加入していた制度の年金手帳の記号番号をご記入ください。 厚生年金保険（または船員保険）／国民年金

㉑年金受取機関 ※
1. 金融機関(ゆうちょ銀行を除く)
2. ゆうちょ銀行(郵便局)
□ 公金受取口座として登録済の口座を指定
※1または2に○をつけ、希望する年金の受取口座を下欄に必ずご記入ください。
※また、指定する口座が公金受取口座として登録済の場合は、左欄に☑してください。
口座名義人氏名 (フリガナ) ヤマダ ハナコ 山田 花子

年金送金先
金融機関：㉒金融機関コード ◆　㉓支店コード ◆　(フリガナ) △△ (銀行)・金庫・信組・信連・農協・信漁連・漁協　(フリガナ) △△ 本店・(支店)・出張所・本所・支所　㉔預金種別 1. 普通 2. 当座　㉕口座番号（左詰めで記入）××××
ゆうちょ銀行：㉖貯金通帳の口座番号 記号（左詰めで記入）— 番号（右詰めで記入）
金融機関またはゆうちょ銀行の証明欄 ※貯蓄預金口座または貯蓄貯金口座…
※請求者の氏名フリガナと口座名義人氏名フリガナが同じであることをご…
※通帳等の写し（金融機関名、支店名、口座名義人氏名フリガナ、口座番号の…）または公金受取口座を指定する場合、証明は不要です。

㋐加算額の対象者（注意事項2参照）	氏名 (フリガナ)(氏)(名)	㉗生年月日 平7 令9 年 月 日	障害の状態に ある・ない	◆㉘診	
	個人番号				
	氏名 (フリガナ)(氏)(名)	㉗生年月日 平7 令9 年 月 日	障害の状態に ある・ない	◆㉘診	
	個人番号				

有・無　枚　X線フィルムの返送　年 月 日

＊3人目以…

マイナンバーを記入すると、毎年の「年金受給権者現況届」が原則不要となる

原則として住民票に記載された住所を記入する

通帳またはキャッシュカードのコピーでの対応も可能

生計を同じくしている子（18歳未満など一定の要件あり）がいる場合に記入

（3、4枚目の一部を抜粋）

㋑あなたは、現在、公的年金制度（表1参照）から年金を受けていますか。○で囲んでください。

①受けている	2 受けていない	3 請　求　中	制度名（共済組合名等） 厚生年金	年金の種類 老齢

受けていると答えた方は、下欄に必要事項をご記入ください（年月日は支給を受けることになった年月日をご記入ください）。

制度名（共済組合名等）	年金の種類	年　月　日	年金証書の年金コードまたは記号番号等
厚生年金	老齢	×·×·×	×××
		・　・	
		・　・	

※「年金の種類」とは、老齢または退職、障害、遺族をいいます。
※「受けている」には、全額支給停止になっている年金がある場合も含みます。

㉙年金コードまたは共済組合等コード・年金種別						
1						
2						
3						
㉜ 他 年 金 種 別						

原則として2つ以上の種類の年金を同時に受けることはできず、選択することになる

㋒履　歴（死亡した方の公的年金制度加入経過）
※できるだけくわしく、正確にご記入ください。

電話番号1（ 03 ）-（ 3503 ）-（ ×××× ）
電話番号2（　　）-（　　）-（　　）

	(1)事業所（船舶所有者）の名称および船員であったときは、その船舶名	(2)事業所（船舶所有者）の所在地または国民年金加入時の住所	(3)勤務期間または国民年金の加入期間	(4)加入していた年金制度の種類	(5) 備考
最初		杉並区○○○○	×·×·× から ×·×·× まで	①国民年金 2. 厚生年金保険 3. 厚生年金(船員)保険 4. 共済組合等	
2	田中産業株式会社	千代田区○○○○	×·×·× から ×·×·× まで	1. 国民年金 ②厚生年金保険 3. 厚生年金(船員)保険 4. 共済組合等	
3	吉田工業株式会社	埼玉県さいたま市	×·×·× から ×·×·× まで	1. 国民年金 ②厚生年金保険 3. 厚生年金(船員)保険 4. 共済組合等	
4			・　・ から ・　・ まで	1. 国民年金 2. 厚生年金保険 3. 厚生年金(船員)保険 4. 共済組合等	
5			・　・ から ・　・ まで	1. 国民年金 2. 厚生年金保険 3. 厚生年金(船員)保険 4. 共済組合等	
6			から まで	1. 国民年金 2. 厚生年金保険 3. 厚生年金(船員)保険 4. 共済組合等	
7			から まで	1. 国民年金 2. 厚生年金保険 3. 厚生年金(船員)保険 4. 共済組合等	
8			から ・　・ まで	1. 国民年金 2. 厚生年金保険 3. 厚生年金(船員)保険 4. 共済組合等	
9			・　・ から ・　・ まで	1. 国民年金 2. 厚生年金保険 3. 厚生年金(船員)保険 4. 共済組合等	
10			・　・ から	1. 国民年金 2. 厚生年金保険	

国民年金に加入していた期間は住んでいた住所、厚生年金に加入していた期間は事業所名などわかる範囲で記入する

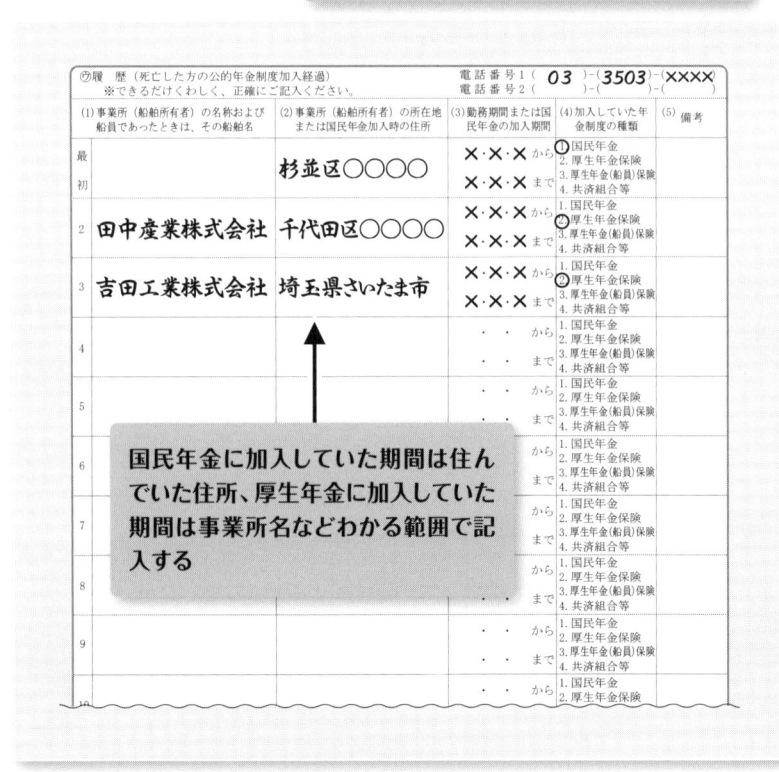

（6 枚目の一部を抜粋）

交通事故など第三者行為による死亡の場合は、別途書類が必要なため、「はい」を囲んだうえで、窓口に申し出る

㋔ 必ずご記入ください。

(1)死亡した方の生年月日・住所　S14年　9月　20日　住所　〒168-××××　杉並区○○○○

(2)死亡年月日　R6 年　2 月　25日
(3)死亡の原因である傷病または負傷の名称　急性心不全
(4)傷病または負傷の発生した日　R4 年　2 月　15 日

(5)傷病または負傷の初診日　R6 年　2 月　15日
(6)死亡の原因である傷病または負傷の発生原因
(7)死亡の原因は第三者の行為によりますか。　1 は い　○2 いいえ

(8)死亡の原因が第三者の行為により発生したものであるときは、その者の氏名および住所　氏名　住所

(9)請求する方は、死亡した方の相続人になれますか。　○1 は い　2 いいえ

(10)死亡した方はつぎの年金制度の被保険者、組合員または加入者となったことがありますか。あるときは番号を○で囲んでください。
○1 国民年金法　○2 厚生年金保険法　3 船員保険法（昭和61年4月以後を除く）
4 廃止前の農林漁業団体職員共済組合法　5 国家公務員共済組合法　6 地方公務員等共済組合法
7 私立学校教職員共済法　8 旧市町村職員共済組合法　9 地方公務員の退職年金に関する条例　10 恩給法

(11)死亡した方は、(10)欄に示す年金制度から年金を受けていましたか。　○1 は い　2 いいえ
受けていたときは、その制度名と年金証書の基礎年金番号および年金コード等をご記入ください。
制度名：厚生年金　年金証書の基礎年金番号および年金コード等：××××××××××××

㋕
(1)死亡した…つぎの年金または恩給のいずれかを受けることができたときはその番号を○で囲んでください。
1 地方公務員の恩給　2 恩給法（改正前の執行官法附則第13条において、その例による場合を含む。）による普通恩給
3 日本製鉄八幡共済組合の老齢年金または養老年金　4 旧外地関係または旧陸海軍関係共済組合の退職年金給付

(2)死亡した方が昭和61年3月までの期間において国民年金に…
しなかった期間が、つぎに該当するときはその番号を○で…
1 死亡した…
2 死亡した方の配偶者が㋔の(10)欄（国民年金法を除く）および…
3 死亡した方または配偶者が㋔の(10)欄（国民年金法を除く）に…
4 死亡した方または配偶者が㋔の(10)欄（国民年金法を除く）および(1)欄に示す制度から障害年金を受けることができた期間
5 死亡した方または配偶者が戦傷病者戦没者遺族等援護法の障害年金を受けることができた期間
6 死亡した方が㋔の(10)欄（国民年金法を除く）および(1)欄に示す制度から遺族に対する年金を受けることができた期間
7 死亡した方が戦傷病者戦没者遺族等援護法の遺族年金または未帰還者留守家族手当もしくは特別手当を受けることができた期間
8 死亡した方または配偶者が都道府県議会、市町村議会の議員および特別区の議会の議員ならびに国会議員であった期間
9 死亡した方が都道府県知事の承認を受けて国民年金の被保険者とされなかった期間

年金を受けていた人が死亡した場合は加入履歴が必要（72ページ参照）

(3)死亡した方が国民年金に任意加入しなかった期間または任意加入したが、保険料を納付しなかった期間が、上に示す期間以外でつぎに該当するときはその番号を○で囲んでください。
1 死亡した方が日本国内に住所を有さなかった期間
2 死亡した方が日本国内に住所を有していた期間であって日本国籍を有さなかったため国民年金の被保険者とされなかった期間
3 死亡した方が学校教育法に規定する高等学校の生徒または大学の学生であった期間
4 死亡した方が昭和61年4月以後の期間において下に示す制度の老齢または退職を事由とする年金給付を受けることができた期間
ただし、エからサに示す制度の退職を事由とする年金給付であって年齢を理由として停止されている期間は除く。
ア 厚生年金保険法　イ 船員保険法（昭和61年4月以後を除く）　ウ 恩給法
エ 国家公務員共済組合法　オ 地方公務員等共済組合法（ケを除く）　カ 私立学校教職員共済法
キ 廃止前の農林漁業団体職員共済組合法　ク 国会議員互助年金法　ケ 地方議会議員共済法
コ 地方公務員の退職年金に関する条例　サ 改正前の執行官法附則第13条

(4)死亡した方は国民年金に任意加入した期間について特別一時金を受けたことがありますか。　1 は い　○2 いいえ
(5)昭和36年4月1日から昭和47年5月14日までの間に沖縄に住んでいたことがありますか。　1 は い　○2 いいえ
(6)死亡の原因は業務上ですか。　1 は い　○2 いいえ
(7)労災保険から給付が受けられますか。　1 は い　○2 いいえ
(8)労働基準法による遺族補償が受けられますか。　1 は い　○2 いいえ

それぞれ該当するものをマルで囲む。共済組合などとの調整のために必要

同居の事実、生計を維持されていたことを証明する書類（住民票など）が必要

（8枚目の一部を抜粋）

㋖ 生　計　維　持　申　立

生計同一関係

右の者は死亡者と生計を同じくしていたこと、および配偶者と子が生計を同じくしていたことを申し立てる。

令和 6年 3月10日

請求者　住所　杉並区○○○○

氏名　山田 花子

	氏　名	続柄
請求者	山田 花子	妻

収入関係

1　この年金を請求する方はつぎにお答えください。		◆確認欄	◆年金事務所の確認事項
(1)請求者(名: 花子)について年収は、850万円未満ですか。	(はい)・いいえ	(　) 印	ア　健保等被扶養者（第三号被保険者）
(2)請求者(名: 　)について年収は、850万円未満ですか。	はい・いいえ	(　) 印	イ　加算額または加給年金額対象者
(3)請求者(名: 　)について年収は、850万円未満ですか。	はい・いいえ	(　) 印	ウ　国民年金保険料免除世帯
2　上記1で「いいえ」と答えた方のうち、その方の収入がこの年金の受給権発生当時以降おおむね5年以内に850万円未満となる見込みがありますか。	はい・いいえ		エ　義務教育終了前 オ　高等学校在学中 カ　源泉徴収票・非課税証明等

令和 6年 3月 10日 提出

生計が同一であること、配偶者や年収850万円未満であることを証明する

2-2 亡くなったあと、すみやかに行う年金の受給停止手続きと未支給分の請求

年金の受給停止手続きは、年金を受給している身近な人が亡くなった時に、最も大切な手続きということもできます。受給停止の手続きをとらなければ、身近な人が亡くなったあとも受給が続きかねません。それは、いわゆる年金の不正受給という犯罪行為です。そのことが発覚した場合、身近な人が亡くなって以後に受給した年金の返還を請求されます。しかも、返還は一括が原則です。

ところで、年金は2か月に1回、受給者の指定した口座に振り込まれますから、年金受給者が他界した場合、最後の受給月から亡くなった日までは、年金の未支給期間ということができます。

そこで、年金受給者が亡くなった時は、すみやかに年金の受給停止手続きを行うとともに、未支給分の請求もあわせて行うことになります。

■国民年金と厚生年金では手続きの期日が異なる

年金には**国民年金**と**厚生年金**がありますが、受給停止に関する手続きは連動していると考えてよいでしょう。厚生年金の受給停止手続きを行うことによって、国民年金の受給停止も行われるということです。ただし、国民年金の基礎年金のみを受給していた故人だと市区町村役場で手続きをすることになり、厚生年金を受給していた場合は最寄りの年金事務所で手続きをすることになります。

手続きの期日は**国民年金が身近な人の亡くなった日から14日以内、厚生年金が10日以内**と若干、異なります。受給停止手続きの書類は次ページに挙げた**年金受給権者死亡届（報告書）**です。すでに市区町村役場に死亡届を提出しているでしょうから、国民年金のみの場合は年金の担当課にその情報が伝わり、自動的に国民年金の受給も停止されるでしょう。

一方、厚生年金については最寄りの年金事務所に年金受給権者死亡届（報告書）を提出することになります。この報告書は、年金事務所を統括する日本年金機構に**個人番号（マイナンバー）が登録されていれば、省略できます**。

年金受給権者死亡届（報告書）の記載例

どこで	いつまでに
市区町村役場 年金事務所	死亡して14日以内 死亡して10日以内

受付登録コード				
1	8	5	0	1

入力処理コード			
7	4	5	0

国民年金・厚生年金保険・船員保険・共済年金・年

受給権者死亡届（報告書）

番号がわからない場合は、年金手帳や年金証書などで確認する

死亡した受給権者			
❶ 基礎年金番号および年金コード	基礎年金番号 ××××××××××	年金コード（複数請求する場合は右の欄に記入）	
❷ 生年月日	明治・大正・(昭和)・平成・令和	1 1 年 0 6 月 0 3 日	
㋐（フリガナ）	ヤマシタ	イチロウ	
氏名	（氏）山下	（名）一郎	
❸ 死亡した年月日	昭和・平成・(令和)	0 6 年 0 8 月 2 0 日	

届出者				
❺（フリガナ）	ヤマシタ	ハナコ	❻続柄	※続柄
氏名	（氏）山下	（名）花子	妻	
※❼ 未支給 有 無	❽ 郵便番号 168－××××	㋑ 電話番号 03－××××－××××		
❾（フリガナ） 住所	※住所コード	杉並 (区)市町村 ○○○○		送信

日中、連絡がとれる番号を記入する。携帯電話でもよい

◎ 未支給の年金・給付金を請求できない方は、死亡届（報告書）のみご記入ください。

◎ 死亡届のみを提出される方の添付書類

1. 死亡した受給権者の死亡の事実を明らかにすることができる書類
（個人番号（マイナンバー）が収録されている方については不要です）
・住民票除票
・戸籍抄本
・死亡診断書（コピー可）　　　などのうち、いずれかの書類

2. 死亡した受給権者の年金証書
年金証書を添付できない方は、その事由について以下の事由欄にご記入ください。
（事由）

ア、　廃棄しました。　　　（　　年　　月　　日）
(イ)　見つかりませんでした。今後見つけた場合は必ず廃棄します。
ウ、　その他（　　　　　　　　　　）

添付書類を確認する

㋕ 備考	

市区町村 受付年月日

実施機関等 受付年月日

令和　6年　8月　25日　提出	
年金事務所記入欄	
※遺族給付同時請求	(有)・無
※未支給請求	有・無

こうした公的機関の間の連携は、マイナンバー制度の浸透により変わりつつあります。受給者からすると、「一つの手続きですべて対応してもらえるとありがたい」と思い、実際にそれが完璧にできると思い込んでいる人もいます。ところが、マイナンバー制度に関しては、まだ十分に隅々まで機能しているとはいいがたい面もあります。

そのため、制度上は決定したものの、運用上は流動的な面もないとはいいきれません。そうした懸念を避けるためにも、遺族は死亡届を市区町村役場に提出する際に、「年金などやっておくべき手続きを教えてください」と相談してみることが得策です。

市区町村役場によっては、「身近な人が亡くなった時にすべきこと一覧」としてリストアップしたパンフレットを渡してくれるところもあるでしょう。

■未支給分を受け取れる人には優先順位がある

年金は2か月に1回、振り込まれるので、最後の年金を受給してから亡くなった日までの未支給分は、いわば故人が生前に得られるはずだったお金ということができます。そのため受け取れる人には次のような優先順位があります。

法定相続人の相続の順位

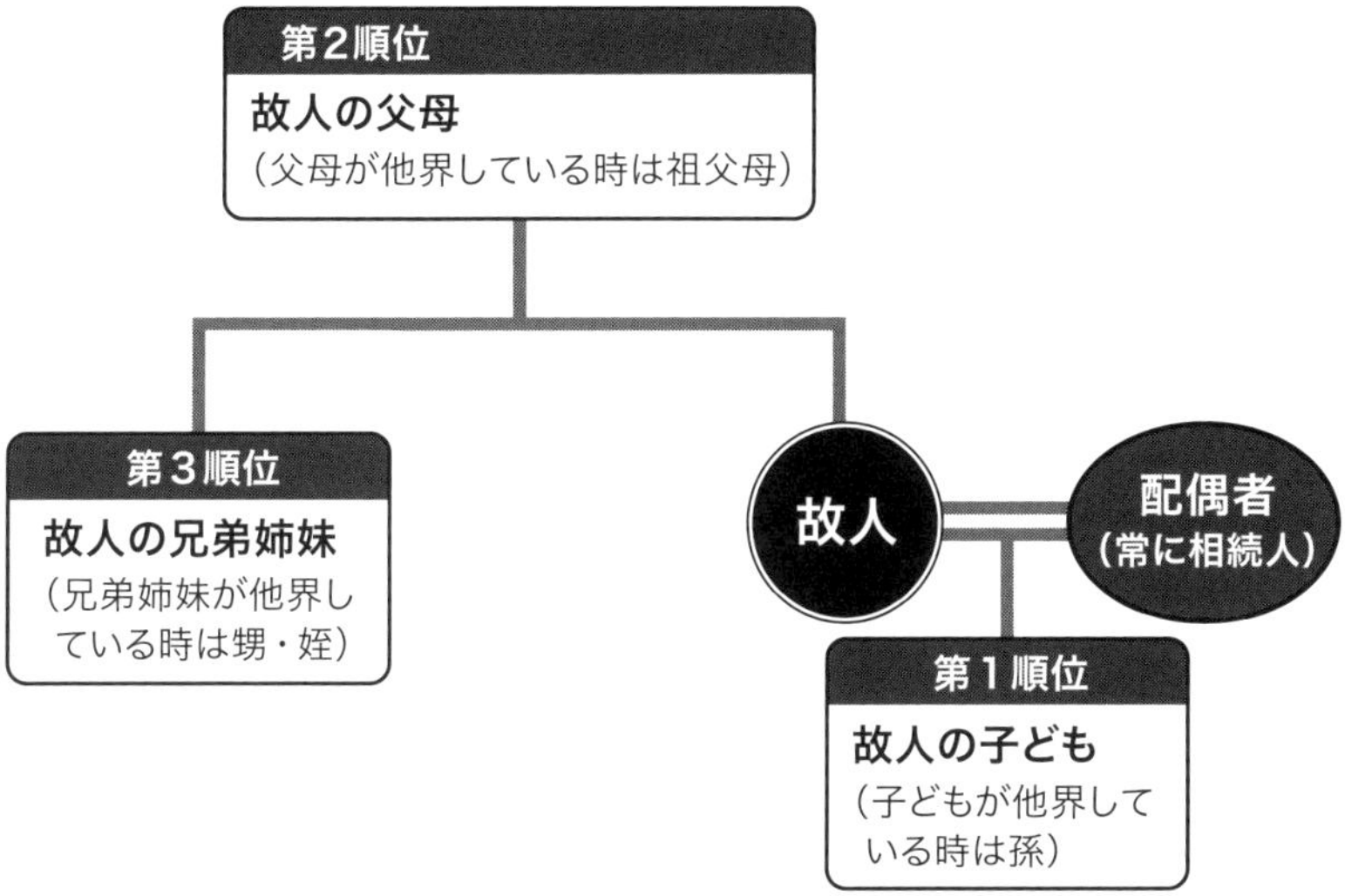

相続については、上図のような順位が定められています。年金についてはまず配偶者、以降は次の①から③の順で該当する人が、80ページに挙げた**未支給年金・未支払給付金請求書**を提出します。

①**子**
②**父母**
③**兄弟姉妹**

なお、申請にあたっては、死亡診断書のコピーのほか、手続きする人の住民票や戸籍謄本が必要です。

未支給年金・未支払給付金請求書の記載例

どこで
年金事務所

いつまでに
死亡した翌日から10日以内
（国民年金は5年以内）

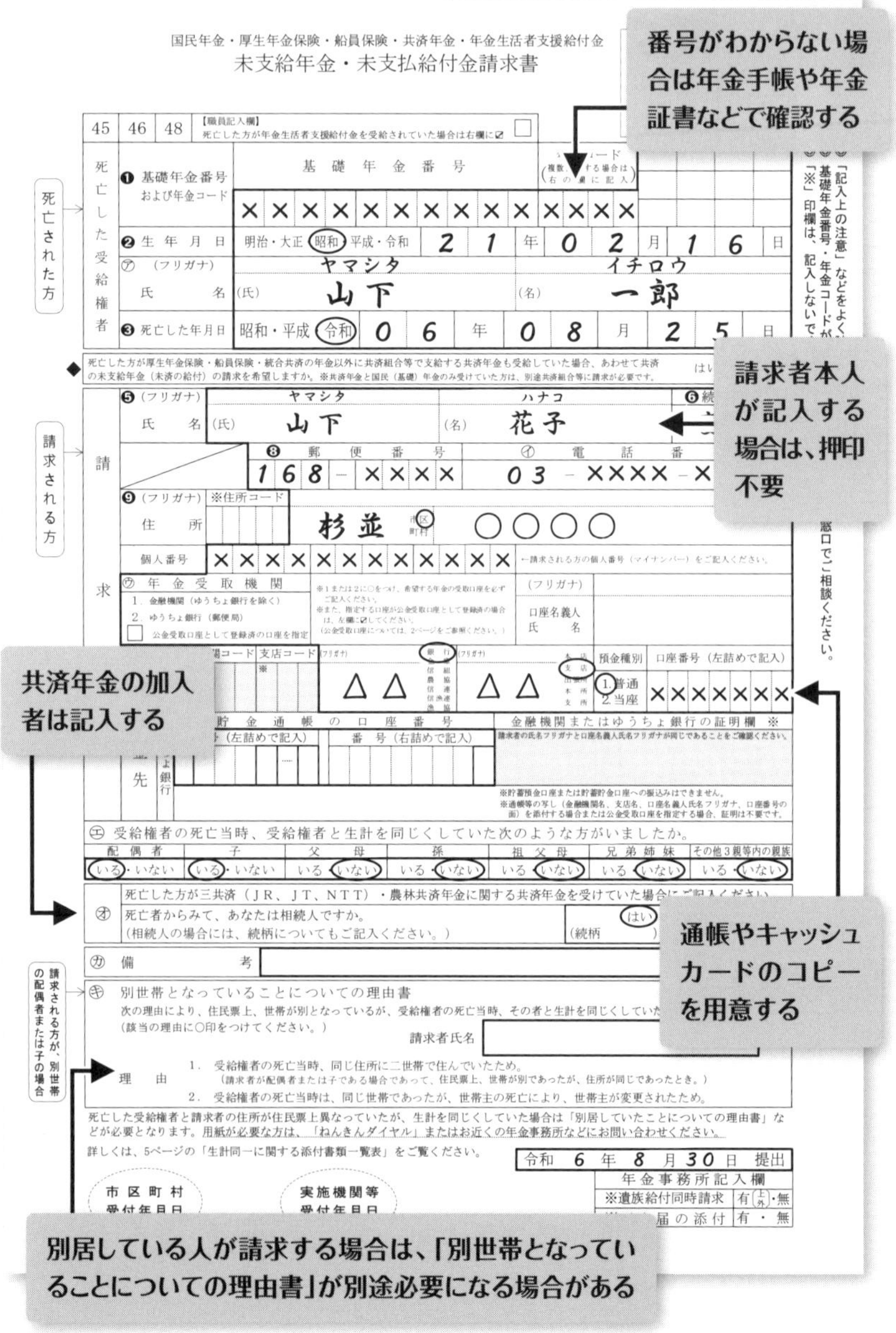

番号がわからない場合は年金手帳や年金証書などで確認する
請求者本人が記入する場合は、押印不要
共済年金の加入者は記入する
通帳やキャッシュカードのコピーを用意する
別居している人が請求する場合は、「別世帯となっていることについての理由書」が別途必要になる場合がある
死亡された方
請求される方
請求される方が、別世帯の配偶者または子の場合

国民年金・厚生年金保険・船員保険・共済年金・年金生活者支援給付金
未支給年金・未支払給付金請求書

45 46 48 【職員記入欄】死亡した方が年金生活者支援給付金を受給されていた場合は右欄に☑

死亡した受給権者
❶ 基礎年金番号および年金コード　基礎年金番号　××××××××××　年金コード ××××
❷ 生年月日　明治・大正・（昭和）・平成・令和　21年02月16日
㋐（フリガナ）ヤマシタ　イチロウ
氏名（氏）山下（名）一郎
❸ 死亡した年月日　昭和・平成・（令和）　06年08月25日

◆ 死亡した方が厚生年金保険・船員保険・統合共済の年金以外に共済組合等で支給する共済年金も受給していた場合、あわせて共済の未支給年金（未済の給付）の請求を希望しますか。※共済年金と国民（基礎）年金のみ受けていた方は、別途共済組合等に請求が必要です。　はい

請求者
❺（フリガナ）ヤマシタ　ハナコ
氏名（氏）山下（名）花子
❽ 郵便番号　168－××××　電話番号　03－××××－×
❾（フリガナ）※住所コード
住所　杉並（区）○○○○
個人番号　××××××××××××　←請求される方の個人番号（マイナンバー）をご記入ください。

㋑ 年金受取機関
1. 金融機関（ゆうちょ銀行を除く）
2. ゆうちょ銀行（郵便局）
公金受取口座として登録済の口座を指定
金融機関コード　支店コード　△△（銀行）　△△（支店）　預金種別（1.普通）2.当座　口座番号（左詰めで記入）×××××××
貯金通帳の口座番号　記号（左詰めで記入）　番号（右詰めで記入）
金融機関またはゆうちょ銀行の証明欄

㋓ 受給権者の死亡当時、受給権者と生計を同じくしていた次のような方がいましたか。

配偶者	子	父母	孫	祖父母	兄弟姉妹	その他3親等内の親族
（いる）・いない	（いる）・いない	いる・（いない）	いる・（いない）	いる・（いない）	いる・（いない）	いる・（いない）

㋔ 死亡した方が三共済（JR、JT、NTT）・農林共済年金に関する共済年金を受けていた場合にご記入ください。
死亡者からみて、あなたは相続人ですか。（相続人の場合には、続柄についてもご記入ください。）　（はい）（続柄　）

㋕ 備考

㋖ 別世帯となっていることについての理由書
次の理由により、住民票上、世帯が別となっているが、受給権者の死亡当時、その者と生計を同じくしていた
（該当の理由に○印をつけてください。）
請求者氏名
理由
1. 受給権者の死亡当時、同じ住所に二世帯で住んでいたため。（請求者が配偶者または子である場合であって、住民票上、世帯が別であったが、住所が同じであったとき。）
2. 受給権者の死亡当時は、同じ世帯であったが、世帯主の死亡により、世帯主が変更されたため。

死亡した受給権者と請求者の住所が住民票上異なっていたが、生計を同じくしていた場合は「別居していたことについての理由書」などが必要となります。用紙が必要な方は、「ねんきんダイヤル」またはお近くの年金事務所などにお問い合わせください。
詳しくは、5ページの「生計同一に関する添付書類一覧表」をご覧ください。

令和 6年 8月 30日 提出

市区町村受付年月日　実施機関等受付年月日
年金事務所記入欄　※遺族給付同時請求 有・無　届の添付 有・無

「記入上の注意」などをよく… 基礎年金番号・年金コードが… 「※」印欄は、記入しないで… 窓口でご相談ください。

2-3 遺族基礎年金がない場合は寡婦年金・死亡一時金が受給できる

遺族年金は、遺族基礎年金と遺族厚生年金に分かれます。その受給にあたっては、68・69ページに示したように細かな受給要件があります。そのため、要件を満たすことができず、受給できないケースも出てきます。

寡婦年金・死亡一時金は、そうした人の救済措置と考えていいでしょう。

■10年以上、連れ添った妻が受給できる寡婦年金

寡婦年金は、第1号被保険者として保険料を納めた期間（保険料免除期間を含む）が10年以上ある夫が亡くなった時に、10年以上継続して連れ添い、生計を維持されていた妻に対して支給されます。

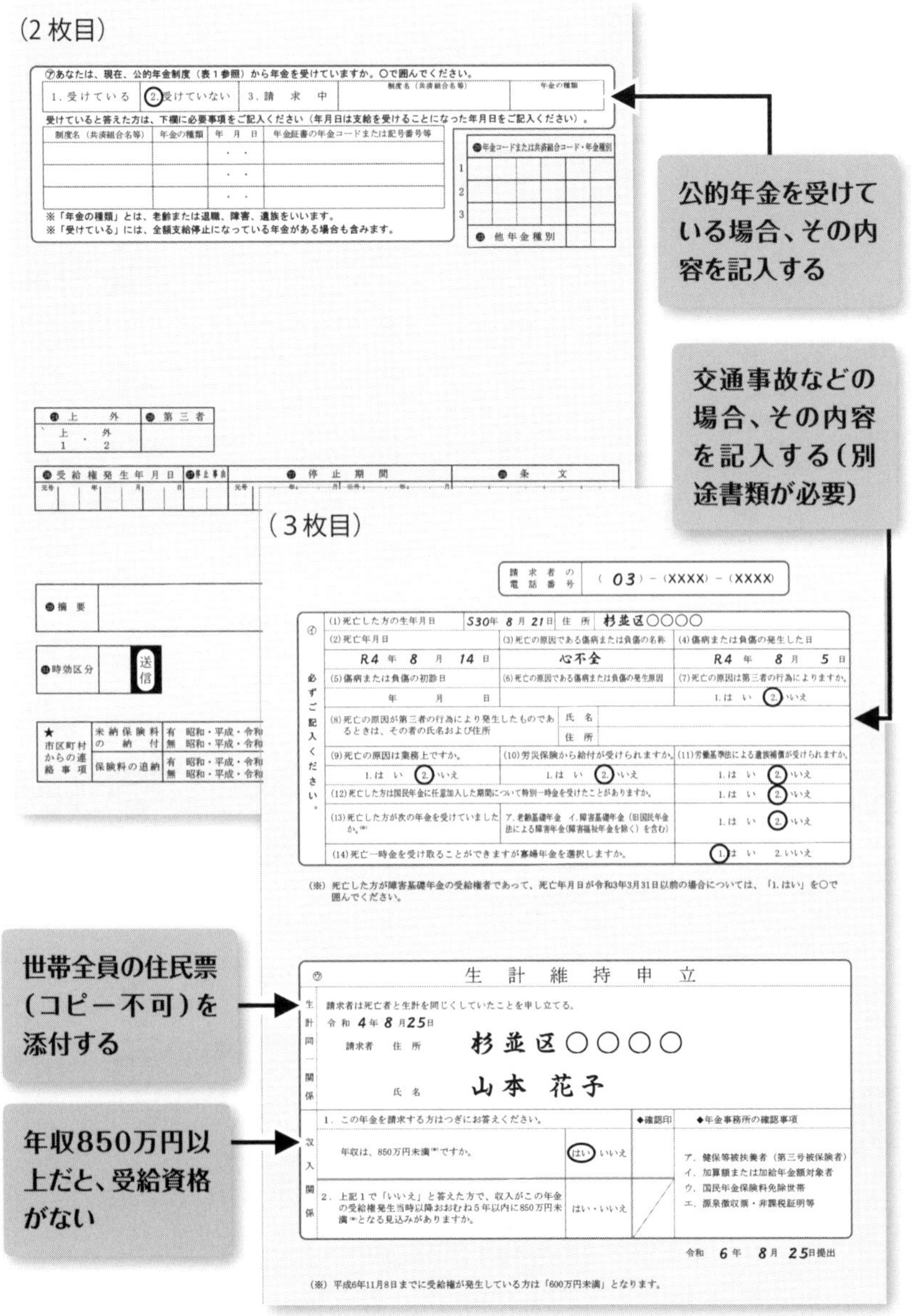

（2枚目）

⑦あなたは、現在、公的年金制度（表1参照）から年金を受けていますか。○で囲んでください。

1.受けている	②受けていない	3.請　求　中	制度名（共済組合名等）	年金の種類

受けていると答えた方は、下欄に必要事項をご記入ください（年月日は支給を受けることになった年月日をご記入ください）。

制度名（共済組合名等）	年金の種類	年　月　日	年金証書の年金コードまたは記号番号等
		・　・	
		・　・	
		・　・	

※「年金の種類」とは、老齢または退職、障害、遺族をいいます。
※「受けている」には、全額支給停止になっている年金がある場合も含みます。

年金コードまたは共済組合コード・年金種別
他年金種別

上　外 ／ 第三者
上　外　1・2

受給権発生年月日 ／ 停止事由 ／ 停止期間 ／ 条文

摘要

時効区分　送信

★市区町村からの連絡事項　未納保険料の納付　有　昭和・平成・令和　無　昭和・平成・令和　保険料の追納　有　昭和・平成・令和　無　昭和・平成・令和

（3枚目）

請求者の電話番号	（03）－（XXXX）－（XXXX）

⑦必ずご記入ください。

(1)死亡した方の生年月日　S30年8月21日	住所　杉並区○○○○	
(2)死亡年月日　R4年8月14日	(3)死亡の原因である傷病または負傷の名称　心不全	(4)傷病または負傷の発生した日　R4年8月5日
(5)傷病または負傷の初診日　年　月　日	(6)死亡の原因である傷病または負傷の発生原因	(7)死亡の原因は第三者の行為によりますか。　1.はい　②いいえ
(8)死亡の原因が第三者の行為により発生したものであるときは、その者の氏名および住所	氏名 ／ 住所	
(9)死亡の原因は業務上ですか。　1.はい　②いいえ	(10)労災保険から給付が受けられますか。　1.はい　②いいえ	(11)労働基準法による遺族補償が受けられますか。　1.はい　②いいえ
(12)死亡した方は国民年金に任意加入した期間について特別一時金を受けたことがありますか。		1.はい　②いいえ
(13)死亡した方が次の年金を受けていましたか。(※)	ア.老齢基礎年金　イ.障害基礎年金（旧国民年金法による障害年金(障害福祉年金を除く)を含む）	1.はい　②いいえ
(14)死亡一時金を受け取ることができますが寡婦年金を選択しますか。		①はい　2.いいえ

(※) 死亡した方が障害基礎年金の受給権者であって、死亡年月日が令和3年3月31日以前の場合については、「1.はい」を○で囲んでください。

⑦生計維持申立

生計同一関係
請求者は死亡者と生計を同じくしていたことを申し立てる。
令和4年8月25日
請求者　住所　杉並区○○○○
氏名　山本　花子

収入関係		◆確認印	◆年金事務所の確認事項
1. この年金を請求する方はつぎにお答えください。年収は、850万円未満(※)ですか。	㋩はい・いいえ		ア．健保等被扶養者（第三号被保険者） イ．加算額または加給年金額対象者 ウ．国民年金保険料免除世帯 エ．源泉徴収票・非課税証明等
2. 上記1で「いいえ」と答えた方で、収入がこの年金の受給権発生当時以降おおむね5年以内に850万円未満(※)となる見込みがありますか。	はい・いいえ		

令和6年8月25日提出

(※) 平成6年11月8日までに受給権が発生している方は「600万円未満」となります。

公的年金を受けている場合、その内容を記入する
交通事故などの場合、その内容を記入する（別途書類が必要）
世帯全員の住民票（コピー不可）を添付する
年収850万円以上だと、受給資格がない

年金請求書（国民年金寡婦年金）の記載例

どこで
市区町村役場
年金事務所

いつまでに
死亡の翌日から２年

（１枚目）

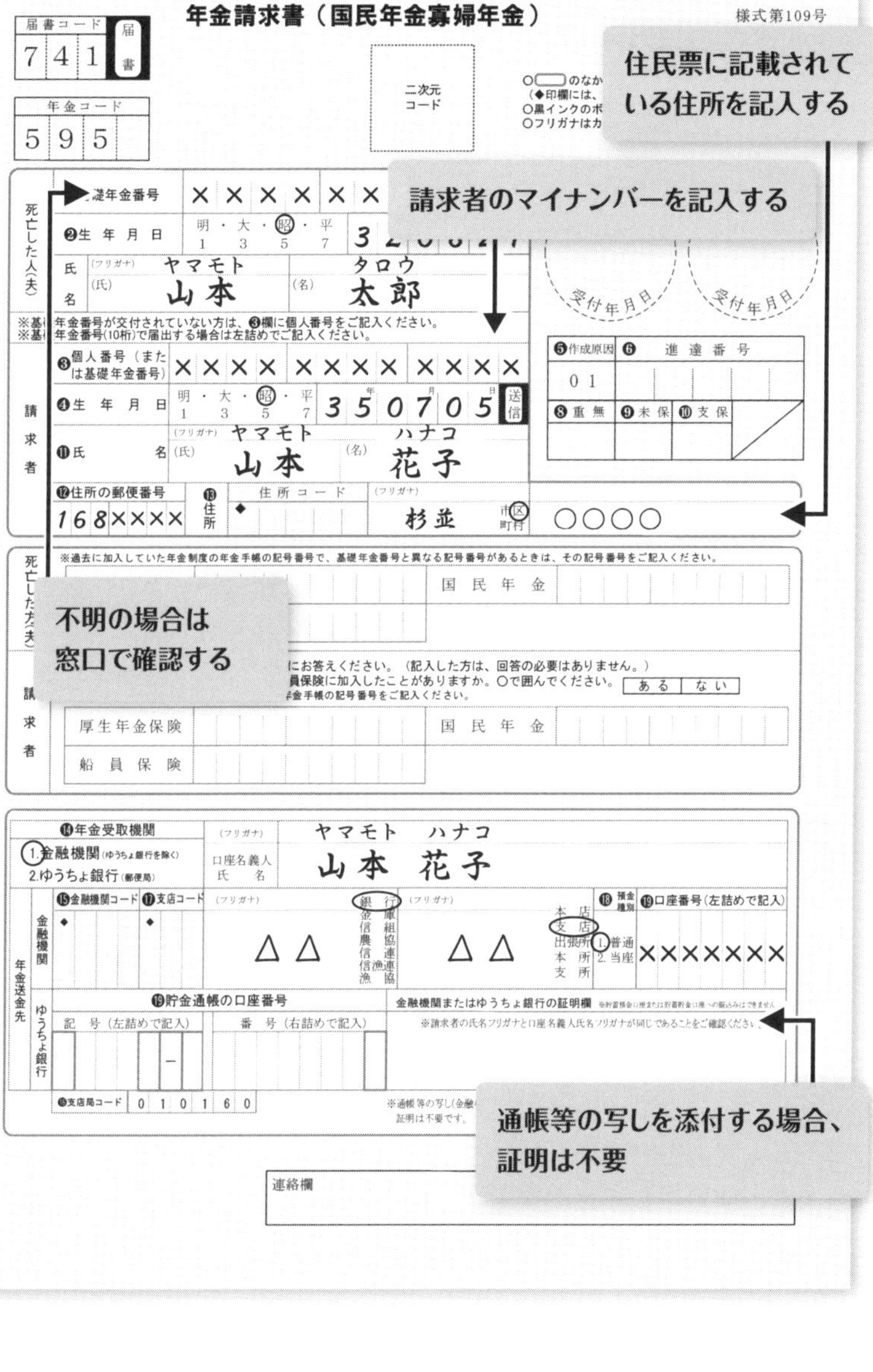

年金請求書（国民年金寡婦年金）　様式第109号

届書コード 741 届書
年金コード 595
二次元コード

死亡した人（夫）
基礎年金番号 ××××××
❷生年月日 明・大・昭・平 1 3 5 7　3 2 0 8 2 7
氏名（フリガナ）ヤマモト タロウ（氏）山本（名）太郎
※基礎年金番号が交付されていない方は、❸欄に個人番号をご記入ください。
※基礎年金番号(10桁)で届出する場合は左詰めでご記入ください。

請求者
❸個人番号（または基礎年金番号）××××××××××××
❹生年月日 明・大・昭・平 1 3 5 7　3 5 0 7 0 5　送信
⓫氏名（フリガナ）ヤマモト ハナコ（氏）山本（名）花子
⓬住所の郵便番号 168××××
⓭住所 住所コード（フリガナ）杉並 市区町村 ○○○○

❺作成原因 01　❻進達番号　❽重無　❾未保　❿支保
受付年月日　受付年月日

死亡した方（夫）
※過去に加入していた年金制度の年金手帳の記号番号で、基礎年金番号と異なる記号番号があるときは、その記号番号をご記入ください。
国民年金

請求者
…にお答えください。（記入した方は、回答の必要はありません。）
…員保険に加入したことがありますか。〇で囲んでください。 ある ない
…年金手帳の記号番号をご記入ください。
厚生年金保険　国民年金
船員保険

⓮年金受取機関 1.金融機関（ゆうちょ銀行を除く） 2.ゆうちょ銀行（郵便局）
口座名義人氏名（フリガナ）ヤマモト ハナコ　山本 花子
年金送金先
金融機関 ⓯金融機関コード ⓱支店コード（フリガナ）△△ 銀行 金庫 信組 農協 信連 漁協 信漁連（フリガナ）△△ 本店 支店 出張所 本所 支所 ⓲預金種別 1.普通 2.当座 ⓳口座番号（左詰めで記入）×××××××
ゆうちょ銀行 ⓳貯金通帳の口座番号 記号（左詰めで記入） 番号（右詰めで記入）
金融機関またはゆうちょ銀行の証明欄
※請求者の氏名フリガナと口座名義人氏名フリガナが同じであることをご確認ください。
⓰支店局コード 0 1 0 1 6 0
※通帳等の写し（金融機関…）…証明は不要です。

連絡欄

住民票に記載されている住所を記入する

請求者のマイナンバーを記入する

不明の場合は窓口で確認する

通帳等の写しを添付する場合、証明は不要

妻の年収には850万円未満という制限があり、支給期間は残された妻が60歳になってから65歳になるまでの間です。65歳以上の妻については、寡婦年金ではなく、妻自身の老齢基礎年金があるという考え方になっています。

年金の額は、亡くなった夫の第1号被保険者期間だけで計算した老齢基礎年金額の4分の3です。

ただし、亡くなった夫が障害基礎年金の受給権者であり、老齢基礎年金を受けたことがある場合、寡婦年金は支給されません。また、夫を亡くした妻が繰り上げ支給の老齢基礎年金を受けている場合も支給されません。これは、老齢基礎年金と寡婦年金のダブル受給になってしまうことを避けるためです。

なお、寡婦のための年金ですから、残された妻が再婚した場合には、受給資格がなくなります。

手続きでは、82・83ページの**年金請求書（国民年金寡婦年金）**に必要事項を記入し、市区町村役場に提出します。故人と妻の年金手帳、妻の所得証明書なども必要です。

■故人が保険料を3年以上納めていれば、死亡一時金が受け取れる

死亡一時金は、故人が第1号被保険者として保険料を納めた期間が3年以上ある場合に支給されます。3年以上というのは正確には36か月以上で、月数で考えます。第1号被保険者には「4分の3免除」「半額免除」「4分の1免除」といった規定がありますが、4分の3を納付した月は「4分の3月」、半額を納付した月は「2分の1月」、4分の1を納付した月は「4分の1月」として計算し、月数を合計して36か月以上かどうかを計算するわけです。

受給できる人は、老齢基礎年金・障害基礎年金を受けないまま亡くなった人と一緒に暮らしていた遺族です。また、年金の未支給の受給と同様に、優先順位があります。受給できる額は、保険料を納めた月数に応じて12万～32万円です。

なお、受け取れる年金額を増やすため、定額の保険料に上乗せして付加保険料を納めた月数が36か月以上ある場合は、８５００円が加算されます。

死亡一時金は、遺族が遺族基礎年金を受給できる時は支給されません。また、寡婦年金を受けられる場合は、寡婦年金か死亡一時金のどちらか一方を選択することになります。

国民年金死亡一時金請求書の記載例

どこで	いつまでに
市区町村役場 年金事務所	死亡の翌日 から２年以内

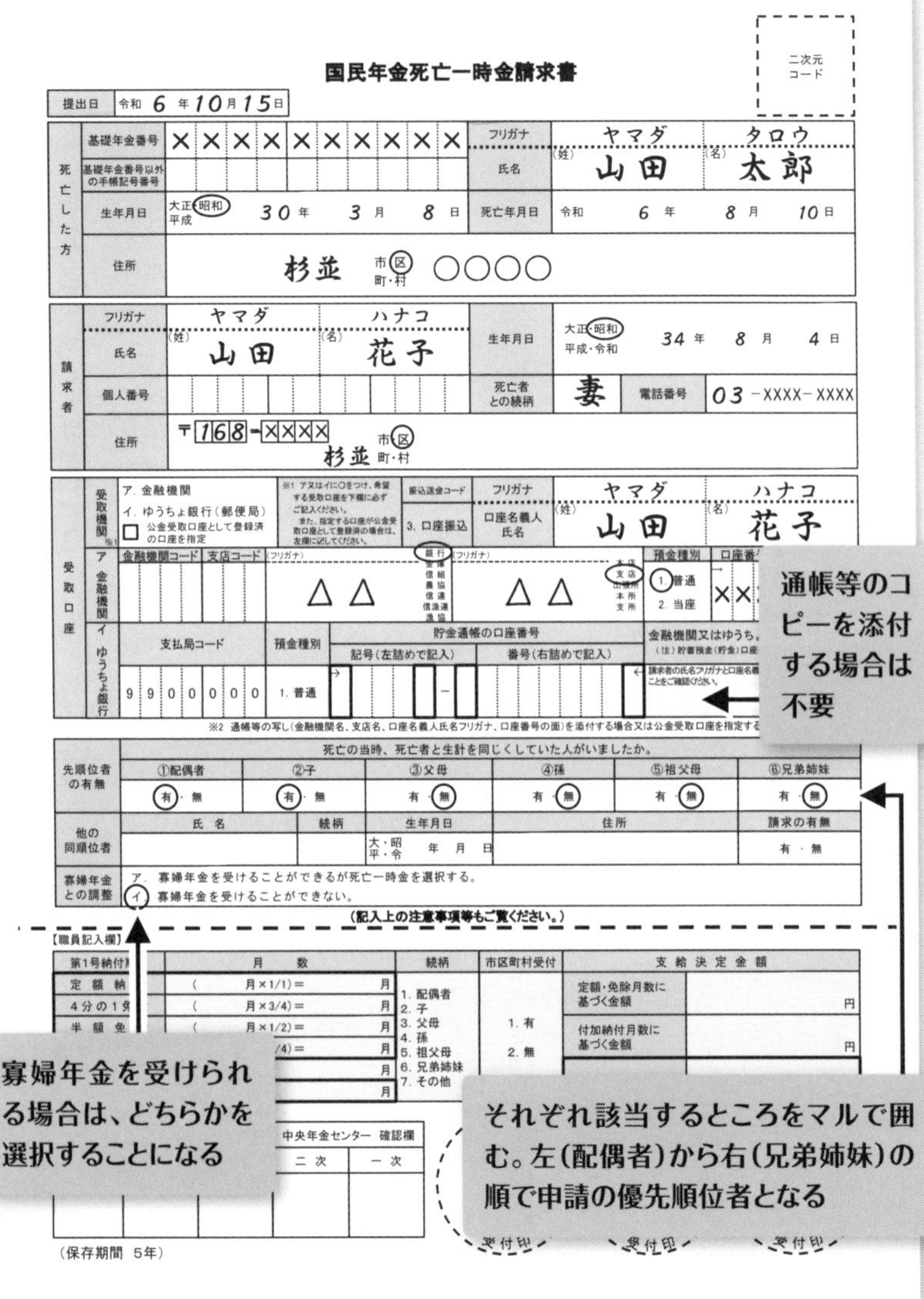

国民年金死亡一時金請求書

二次元コード

提出日 令和 6 年 10 月 15 日

死亡した方

基礎年金番号	××××××××××	フリガナ	ヤマダ　タロウ
基礎年金番号以外の手帳記号番号		氏名	(姓) 山田　(名) 太郎
生年月日	大正・昭和・平成 30 年 3 月 8 日（昭和に〇）	死亡年月日	令和 6 年 8 月 10 日
住所	杉並 市・区・町・村（区に〇） ○○○○		

請求者

フリガナ	ヤマダ　ハナコ	生年月日	大正・昭和・平成・令和 34 年 8 月 4 日（昭和に〇）
氏名	(姓) 山田　(名) 花子		
個人番号		死亡者との続柄	妻
電話番号	03 − XXXX − XXXX		
住所	〒168−XXXX 杉並 市・区・町・村（区に〇）		

受取口座

受取機関：ア. 金融機関　イ. ゆうちょ銀行（郵便局）　□ 公金受取口座として登録済の口座を指定

※1 アヌはイに〇をつけ、希望する受取口座を下欄に必ずご記入ください。また、指定する口座が公金受取口座として登録済の場合は、左欄に✓してください。

振込送金コード　3. 口座振込

フリガナ ヤマダ　ハナコ　口座名義人氏名 (姓) 山田　(名) 花子

ア 金融機関：金融機関コード／支店コード／（フリガナ）△△ 銀行（〇）・金庫・信組・農協・信連・信漁連・漁協／（フリガナ）△△ 本店・支店（〇）・出張所・本所・支所／預金種別 1. 普通（〇） 2. 当座／口座番号 ××…

イ ゆうちょ銀行：支払局コード 9 9 0 0 0 0 0 0／預金種別 1. 普通／貯金通帳の口座番号 記号（左詰めで記入）・番号（右詰めで記入）

金融機関又はゆうちょ…（注）貯蓄預金（貯金）口座…　請求者の氏名フリガナと口座名義…ことをご確認ください。

※2 通帳等の写し（金融機関名、支店名、口座名義人氏名フリガナ、口座番号の面）を添付する場合又は公金受取口座を指定する…

先順位者の有無　死亡の当時、死亡者と生計を同じくしていた人がいましたか。

①配偶者	②子	③父母	④孫	⑤祖父母	⑥兄弟姉妹
(有)・無	(有)・無	有・(無)	有・(無)	有・(無)	有・(無)

他の同順位者

氏名	続柄	生年月日	住所	請求の有無
		大・昭・平・令　年　月　日		有・無

寡婦年金との調整
ア. 寡婦年金を受けることができるが死亡一時金を選択する。
(イ) 寡婦年金を受けることができない。

（記入上の注意事項等もご覧ください。）

【職員記入欄】

第1号納付	月数		続柄	市区町村受付	支給決定金額	
定額納	(　月×1/1)＝	月	1. 配偶者 2. 子 3. 父母 4. 孫 5. 祖父母 6. 兄弟姉妹 7. その他	1. 有 2. 無	定額・免除月数に基づく金額	円
4分の1免	(　月×3/4)＝	月			付加納付月数に基づく金額	円
半額免	(　月×1/2)＝	月				
	/4)＝	月				
		月				
		月				

中央年金センター 確認欄：二次／一次

受付印　受付印　受付印

（保存期間　5年）

通帳等のコピーを添付する場合は不要

寡婦年金を受けられる場合は、どちらかを選択することになる

それぞれ該当するところをマルで囲む。左（配偶者）から右（兄弟姉妹）の順で申請の優先順位者となる

手続きでは86ページの**国民年金死亡一時金請求書**を市区町村役場に提出します。提出にあたっては、故人の年金手帳、死亡診断書、手続きする人の住民票も必要です。

■時効の「起算日」はいつから?

死亡一時金を受ける権利には、**身近な人が亡くなった日の翌日から2年という時効があります**。この時効については、よく「その事実があった日の当日からか、その事実があった日の翌日からか」など、起算日について迷ってしまうケースも多いようです。

民法には初日不算入の原則があります(140条)。ですから、基本の起算日は「どのようなことも、事実のあった日の翌日から」と覚えておくとよいでしょう。

2-4 健康保険の資格喪失手続きは14日以内にすませる

年金の受給停止手続きとともに健康保険の資格喪失手続きは、身近な人が亡くなった時にまず行っておくべき手続きの一つです。

故人が協会けんぽや業界ごとをはじめとする健保組合に加入していた場合は、協会けんぽや健保組合に属していた会社などが資格喪失の手続きをとってくれるでしょう。ところが、国民健康保険の場合は故人の家族が手続きを行うことになります。

故人が世帯主で家族が故人の扶養家族として国民健康保険に加入していた場合、資格喪失手続きをせずに放っておいて資格取得のための再交付手続きもしないままだと、その期間は**医療費が自己負担となる〝無保険〟の状態**になってしまいかねません。

■ 3種類の健康保険で対応がそれぞれ異なる

健康保険は、次の3種類に大別できます。

①会社員とその家族が加入する協会けんぽの健康保険
②健保組合などの健康保険
③主に自営業者などが加入する国民健康保険

3種類の保険のほかには、公務員とその家族が加入する共済組合があります。

注意点は前述のとおり、国民健康保険の資格喪失手続きは遺族が行わないといけないことです。身近な人が亡くなって14日以内に90ページの**国民健康保険被保険者資格喪失届**を提出します。あわせて故人の保険証（健康保険被保険者証）を返却します。

国民健康保険被保険者資格喪失届の記載例

どこで
市区町村役場

いつまでに
死亡して14日以内

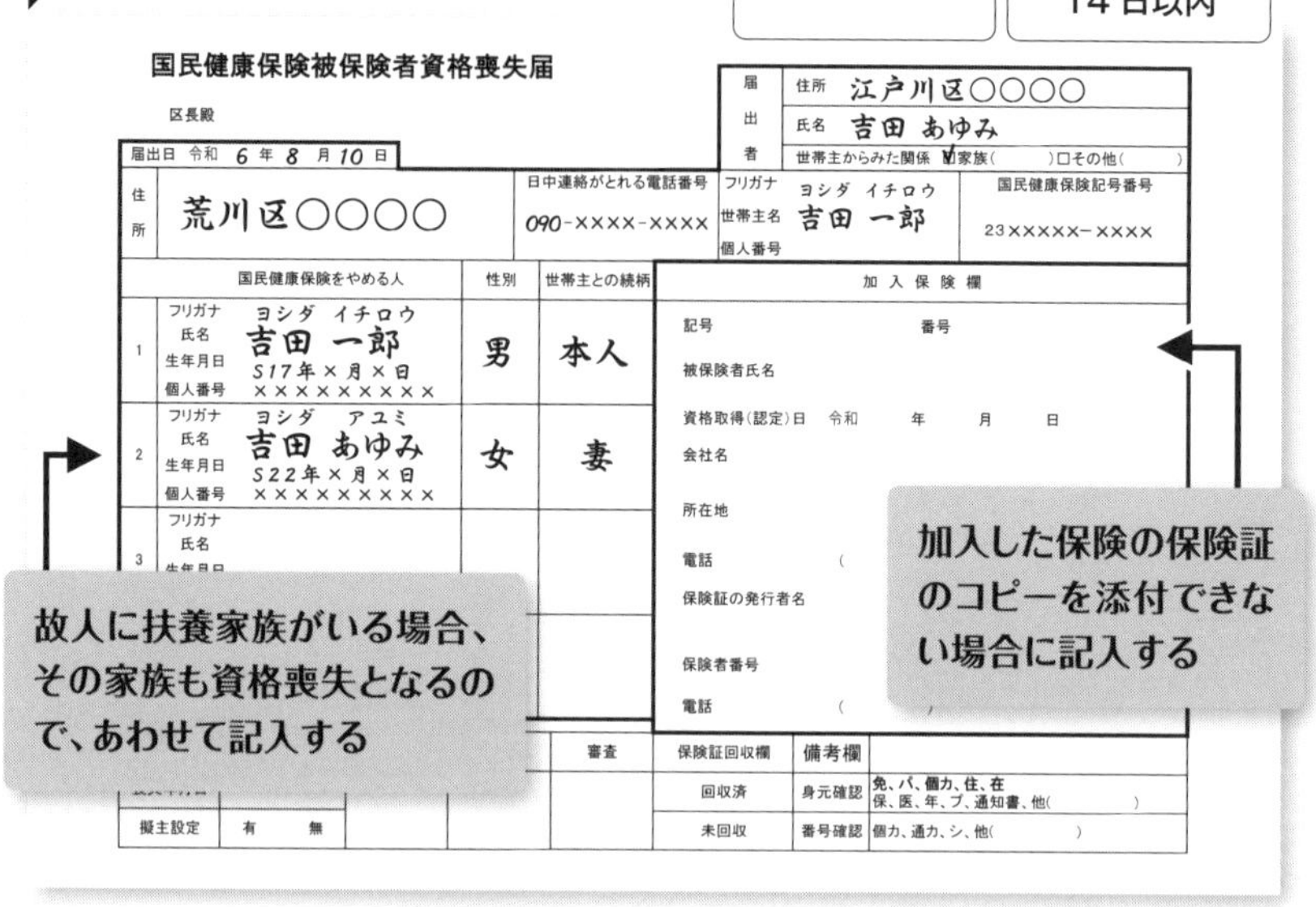
国民健康保険被保険者資格喪失届

区長殿

届出日 令和 6 年 8 月 10 日

届出者 住所 江戸川区○○○○ 氏名 吉田 あゆみ 世帯主からみた関係 ☑家族（ ）□その他（ ）

住所 荒川区○○○○
日中連絡がとれる電話番号 090-××××-××××
フリガナ ヨシダ イチロウ 世帯主名 吉田 一郎 個人番号
国民健康保険記号番号 23×××××-××××

	国民健康保険をやめる人	性別	世帯主との続柄
1	フリガナ ヨシダ イチロウ 氏名 吉田 一郎 生年月日 S17年×月×日 個人番号 ×××××××××	男	本人
2	フリガナ ヨシダ アユミ 氏名 吉田 あゆみ 生年月日 S22年×月×日 個人番号 ×××××××××	女	妻
3	フリガナ 氏名 生年月日		

加入保険欄
記号 番号
被保険者氏名
資格取得(認定)日 令和 年 月 日
会社名
所在地
電話 （ ）
保険証の発行者名
保険者番号
電話 （ ）

審査 保険証回収欄 備考欄
回収済 身元確認 免、パ、個カ、住、在 保、医、年、ブ、通知書、他（ ）
擬主設定 有 無 未回収 番号確認 個カ、通カ、シ、他（ ）

故人に扶養家族がいる場合、その家族も資格喪失となるので、あわせて記入する
加入した保険の保険証のコピーを添付できない場合に記入する

※書式は市区町村によって異なる

国民健康保険の再交付や資格取得の手続きが必要な場合も

なお、国民健康保険に加入している世帯主が亡くなり、その扶養家族が国民健康保険に加入したい場合は、扶養家族が国民健康保険の再交付の手続きを行います。

また、国民健康保険はもちろん、協会けんぽや健保組合などの健康保険に加入していた故人の資格喪失手続きでは、故人の保険証が見つからないケースもあります。

その場合は健康保険に加入している会社が、91ページの**健康保険被保険者証回収不能届**を協会けんぽや健保組合に提出します。

健康保険被保険者証回収不能届の記載例

どこで
故人の事業所

いつまでに
すみやかに

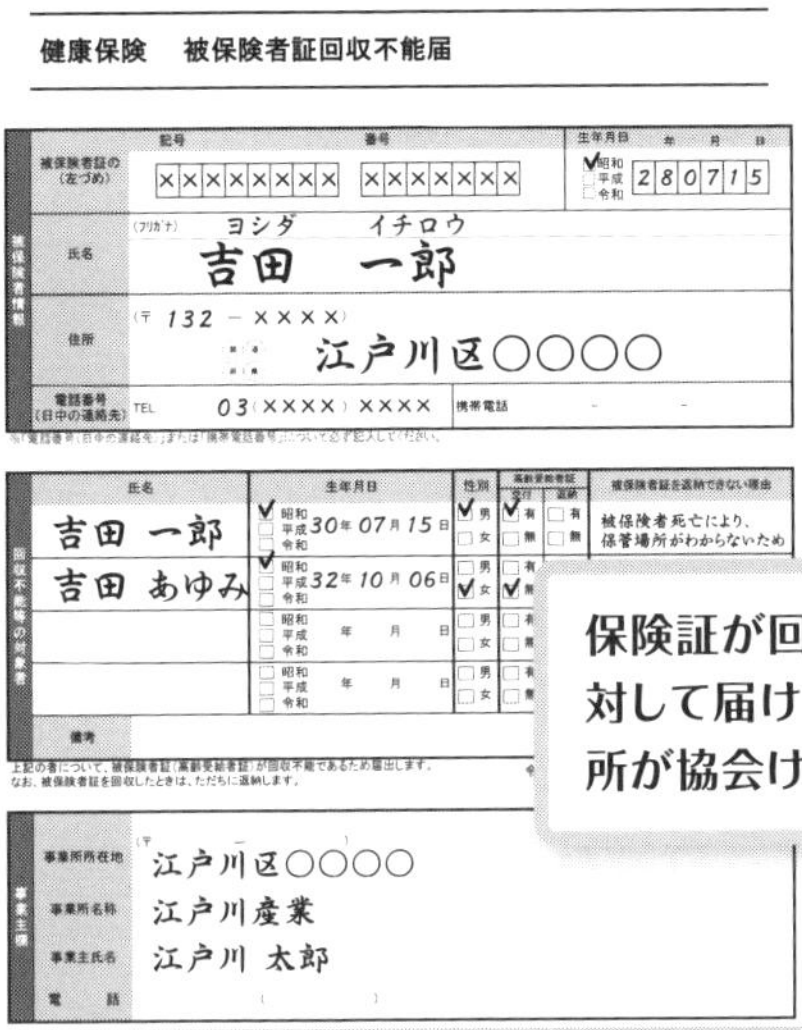
健康保険　被保険者証回収不能届

被保険者証の（左づめ）	記号 ××××××××　番号 ×××××××	生年月日 ☑昭和 □平成 □令和 28 07 15
氏名	（フリガナ）ヨシダ　イチロウ　吉田　一郎	
住所	（〒132－××××）江戸川区○○○○	
電話番号（日中の連絡先）	TEL 03（××××）××××	携帯電話

氏名	生年月日	性別	高齢受給者証 交付	高齢受給者証 返納	被保険者証を返納できない理由
吉田 一郎	☑昭和 30年 07月 15日	☑男	☑有		被保険者死亡により、保管場所がわからないため
吉田 あゆみ	☑昭和 32年 10月 06日	☑女	☑無		
	年 月 日				
	年 月 日				
備考					

上記の者について、被保険者証（高齢受給者証）が回収不能であるため届出します。
なお、被保険者証を回収したときは、ただちに返納します。

事業所所在地	江戸川区○○○○
事業所名称	江戸川産業
事業主氏名	江戸川 太郎
電話	（　　）

保険証が回収不能である場合、事業所に対して届け出る。故人が勤めていた事業所が協会けんぽや健保組合に手配する

世帯主が協会けんぽや健保組合などの健康保険に加入し、家族が扶養家族として加入している場合もあります。その世帯主が亡くなり、家族が新たに国民健康保険に加入したい時は、市区町村役場で資格取得の手続きをする必要があります。

なお、故人が65歳以上の場合のほか、40歳以上65歳未満で要介護認定を受けている場合、介護保険の保険証が交付されているはずです。

その場合も、亡くなってから14日以内に92ページの**介護保険資格取得・異動・喪失届**を市区町村役場に提出し、被保険者証を返却します。

介護保険 資格取得・異動・喪失届の記載例

どこで	いつまでに
市区町村役場	死亡して14日以内

受付担当	

介護保険 資格取得・異動・喪失届

春日部市長あて

【窓口に来た人】

届出日	令和6年 7月 24日
(フリガナ) 氏名	タケダ サトコ 竹田 里子
被保険者との関係	妻
電話番号	090-××××-××××
住所	〒 344-×××× 春日部市○○○○

次のとおり、介護保険資格に異動がありますので、届け出ます。

【届出事由】

異動日	令和6年 7月 15日	
異動事由 (該当するものに○をつける)	資格取得	転入・適用除外施設退所・職権取得・その他( )
	資格喪失	転出・適用除外施設入所・職権喪失・(死亡)・その他( )
	資格異動	住所変更(市内転居)・氏名変更・世帯変更・その他( )

【異動前の情報】

被保険者番号	××××××××××
個人番号	××××××××××××
(フリガナ) 被保険者氏名	タケダ イチロウ 竹田 一郎
生年月日	明・大・(昭) 22年 6月 10日
住所	〒

【異動後の情報】 変更があった項目を記入してくださ

被保険者氏名	
	〒

マイナンバーを記入する

介護保険資格について転入等による「取得」、転出や死亡による「喪失」、氏名や世帯の変更による「異動」も同じ書式での申請となる

【市使用欄】

※書式は市区町村によって異なる

2-5 手続きをすれば必ずもらえる葬祭費と埋葬料

身近な人が亡くなった時の葬儀費用の援助として、**葬祭費や埋葬料が健康保険から支払われます**。支払う趣旨については同種のものですが、名称の違いは、どの保険から支払われるのか、支払う主体の違いです。

故人の加入していた保険が国民健康保険ならば葬祭費であり、故人が協会けんぽや健保組合などの健康保険に加入していた場合は埋葬料が支払われることになります。

■ 葬祭費は遺族が申請しないと受けられないことに注意

国民健康保険から支払われる葬祭費は、故人の住所地の市区町村役場で手続きをします。

94ページに挙げた**国民健康保険葬祭費支給申請書**を提出します。金額は市区町村によって異

国民健康保険葬祭費支給申請書の記載例

どこで	いつまでに
市区町村役場	葬祭を行った日から2年

第9号様式

市
国民健康保険

国民健康保険葬祭費支給申請書

被保険者記号・番号	死亡者の氏名	年齢
10－××××××××－××	フリガナ　ヤマモト　カズオ 山本　一夫	歳

死亡年月日	葬祭年月日（告別式）	死亡原因
令和6年　9月　19日	令和6年　9月　22日	(1.) 疾病等 2. 交通事故等第三者行為

死亡者の埋葬料等について、被用者保険(社会保険等)に支給申請を行いません。(※)	□ はい　□ いいえ

※被用者保険（本人）を脱退してから３ヶ月以内の死亡の場合や、死亡日の前３ヶ月以内に被用者保険の傷病手当金または出産手当金の継続給付を受けている場合は、被用者保険から埋葬料等が支給されることがあります。

振込指定先				
金融機関名	△△　(銀行)・信金・信組・労金・農協	□□　本店・(支店)	店番号	×××
預金の種類	1. (普通) 2. 当座	口座番号（右詰め） ×××××××	名義人	フリガナ　ヤマモト　ミツコ 氏名　山本　光子

葬祭費申請額	¥50000

上記のとおり葬祭費の支給を申請します。
振込先の口座名義人が申請者（葬祭者）と異なる場合には、上記の口座名義人を代理人とし、上記指定口座への振込をもって相模原市からの支払金の受領と認めます。
また、他の相続人等から異議の申立てがあった場合は、申請者の責任において当事者間で解決することを誓約します。

年　月　日

郵便番号 □□□－□□□□

申請者（葬祭者）　住所
氏名
死亡者との続柄
電話
）
）
に使います。

市長　あて

（注意）交通事故等第三者行為によって死亡された場合に……支給されないことがありますので、御注意ください。

受付年月日、受付場所	令和　年　月　日　（　）区民課・まちづくりセンター・出張所　受付者
□ 住民票等照合 □ 戸籍等照合	
申請者住民コード	確認　□ 死亡診断書　□ 埋葬許可証

原則としては、葬儀を行った人が申請する

市区町村によって、受給できる金額は異なる

※書式は市区町村によって異なる

なりますが、おおむね2万～7万円ほどとなっています。

市区町村によっては葬祭費とともに、葬儀費用の支援を拡充する目的で、数万円の補助金を上積みして支給するケースもあります。

注意したいのは、原則、葬儀を行った人が自分で申請しないと受給できないことです。一般的には、死亡届の提出から保険証の返却など数度にわたって市区町村役場を訪問する際に、「国民健康保険に加入していたなら葬祭費が出ますが、どうしますか？」と窓口の人に聞かれることもあるでしょう。それでも、申請書を提出するという意思表示をしないと支給されません。

なお、書類としては葬儀社の領収書が必要となります。

■埋葬料は健康保険に加入していた故人の葬儀費用の援助として支給

埋葬料は、協会けんぽや健保組合などの健康保険に加入していた故人の葬儀費用の援助です。その性格上、葬祭費のように自分で市区町村役場に申請するというより、むしろ勤務先や所属先の会社・団体などが気を利かせて手配してくれるものです。

埋葬料の金額は一律5万円ですが、健保組合によっては故人の月額給与の1か月分など大きな付加給付が用意されているケースもあります。

また、加入者の扶養家族が亡くなった時も、同額が家族埋葬料として支給されます。

■埋葬費は埋葬料の範囲内で実際に埋葬を行った人が受給できる

埋葬料を受け取る人がいない場合でも、実際には誰かが故人を埋葬することになります。その場合は、埋葬料の範囲内で実際に埋葬を行った人に対して埋葬の費用を補助するためのお金が支払われます。これを**埋葬費**といいます。手続きとしては、埋葬を行った人が97ページの**健康保険埋葬料（費）支給申請書**を記入して勤務先・所属先に提出します。

葬祭費、埋葬料とも時効は2年ですが、起算日が異なります。葬祭費は葬儀のあった日、埋葬料は亡くなった日（いずれも翌日が起算日）です。なお、埋葬費については葬儀を行った日の翌日が起算日となります。

健康保険埋葬料（費）支給申請書の記載例

どこで
協会けんぽ支部

いつまでに
死亡日の翌日から２年

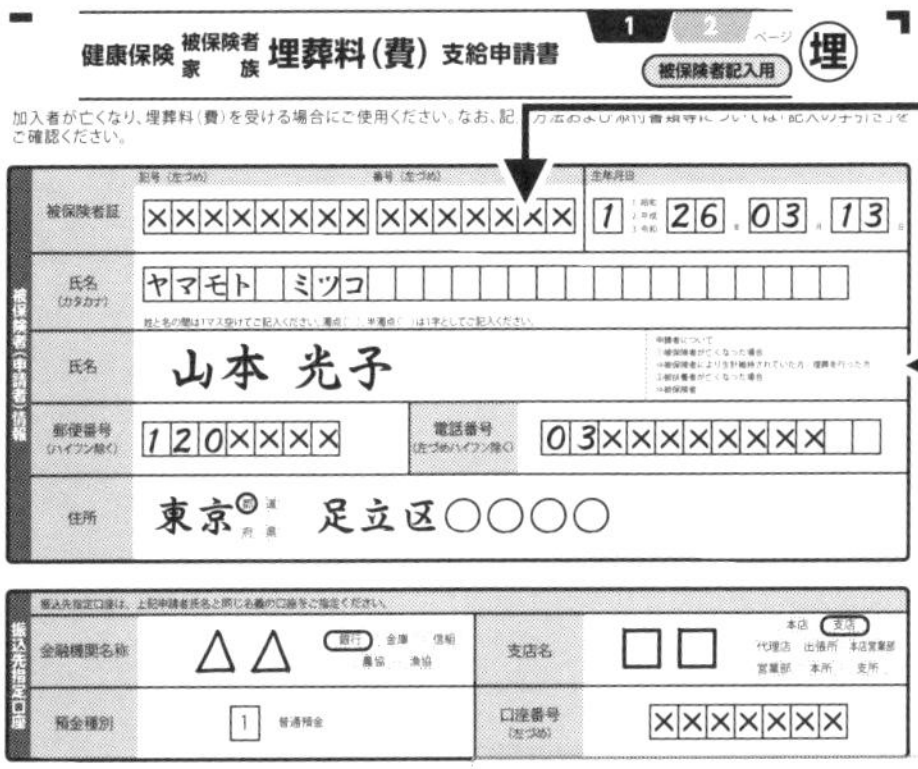

被保険者証で確認

被保険者が死亡した時の申請は、申請者名を記入する（生年月日は故人の被保険者のものを記入する）

1枚目のマイナンバーの記載は、被保険者証の記号番号を記入した場合は不要

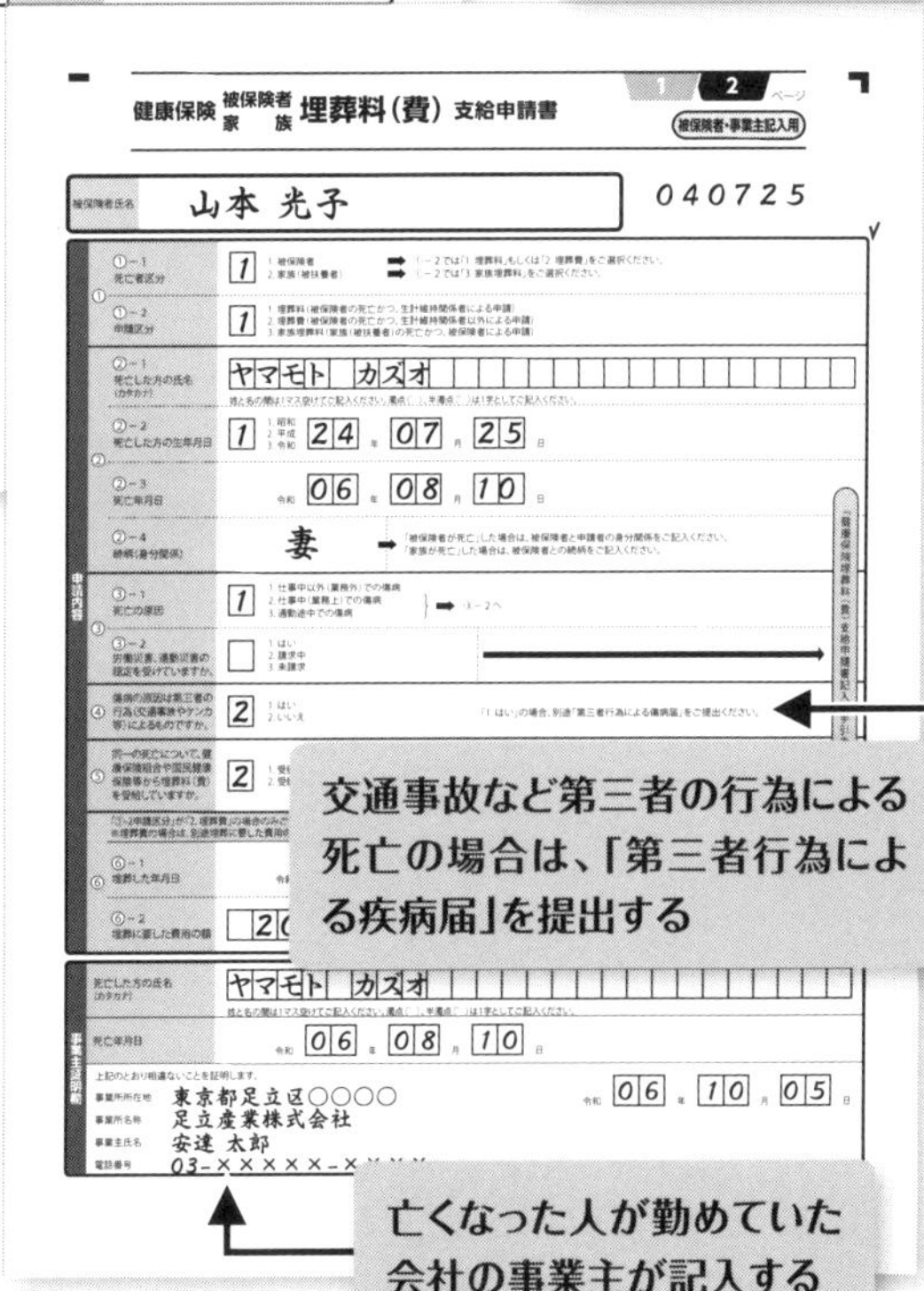

交通事故など第三者の行為による死亡の場合は、「第三者行為による疾病届」を提出する

亡くなった人が勤めていた会社の事業主が記入する

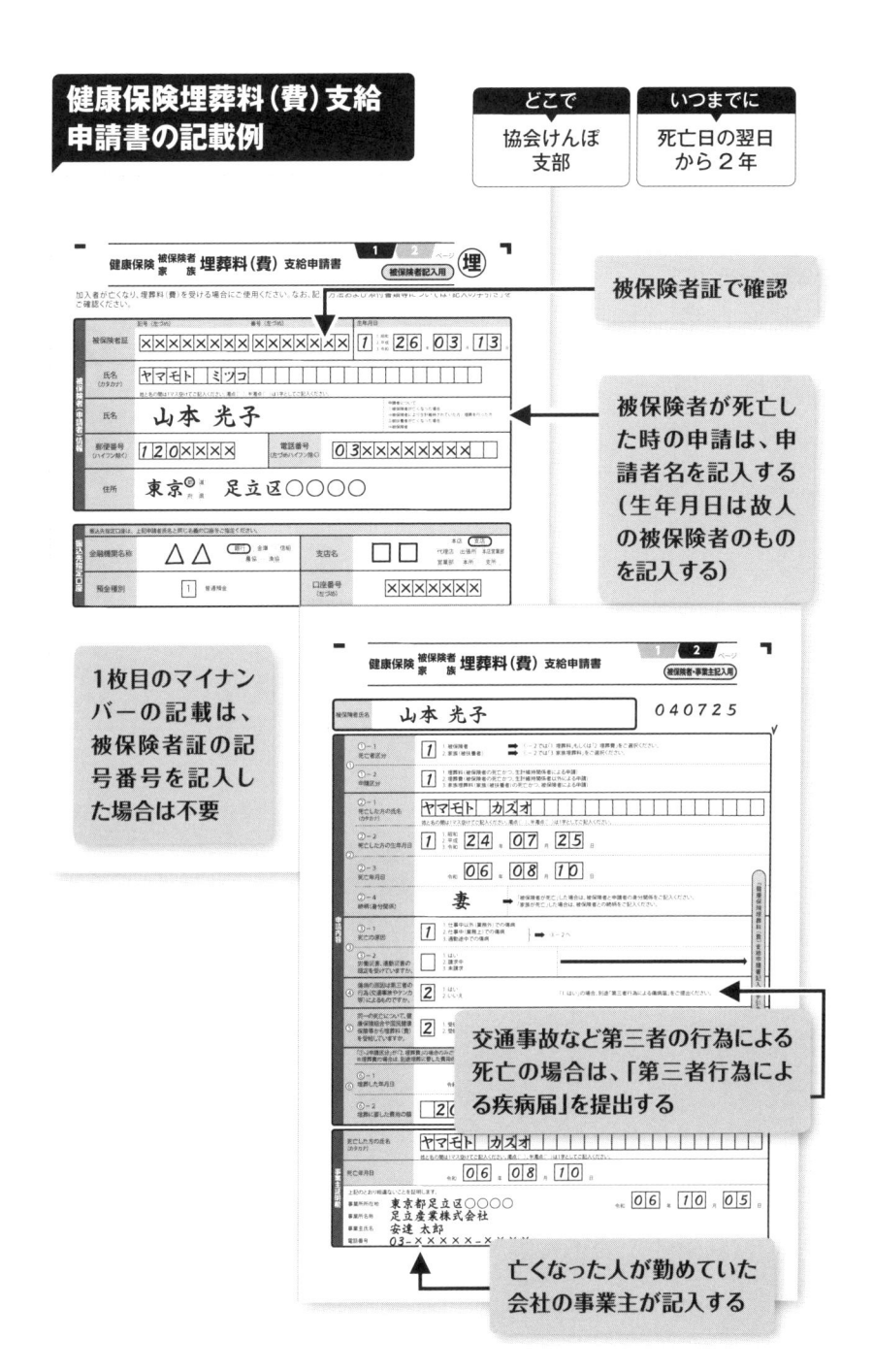

2-6

故人の高額療養費の申請も忘れずに！

身近な人が長期の入院ののちに亡くなった時など、「たくさんのお金を病院に支払った」と感じる家族は多いのではないでしょうか。それが必要な医療や金額であったとしても、通常の1～3割の自己負担額が限度額を超える医療費は、家族の心と財布を苦しめるものです。そのように自己負担額が限度額を超える医療費（ただし、差額ベッド代、入院中の食事などの保険外診療分は除く）については、申請によって戻ってくることもあります。それが**高額療養費制度**です。

■自己負担限度額が段階的に変わる

高額療養費制度によって戻ってくる金額は、「自己負担限度額を超えた額」です。なお、自己負担の限度額は100ページの表のように所得によって異なります。

医療費と介護保険の自己負担の合算額が著しく高額であった場合に、自己負担額を軽減する**高額介護合算療養費制度**があります。その自己負担限度額は、101ページの表のように年齢や所得によって異なります。

はたして、故人の自己負担限度額はいくらか、故人の高額療養費はいくら戻ってくるのかなどは、まさに故人によって異なる面が大きいため、故人の保険証をもとに各健保組合に確認することをお勧めします。手続きとしては、102・103ページに挙げた**高額療養費支給申請書**を市区町村役場、協会けんぽに提出します。医療費の領収書も必要になりますので、きちんと保管しておきましょう。

なお、故人の生前に、医療費が高額になり、病院への医療費の支払いができなくなるような事態も想定されます。その場合は、高額療養費の8割ほどを無利子で貸してくれる高額医療費貸付制度もあります。その制度を利用する場合は、104ページに挙げた**高額医療費貸付金貸付申込書**を記入し、協会けんぽや市区町村役場に提出します。

この制度を利用して借り受けたお金は高額療養費として戻ってくるため、返済の必要はありません。

70歳以上75歳未満の自己負担限度額

適用区分		外来（個人ごと）	ひと月の上限額（世帯ごと）
現役並み	**現役並みⅢ** 標準報酬月額83万円以上で高齢受給者証の負担割合が3割の人	252,600円＋（総医療費－842,000円）×1% 〈多数該当140,100円※〉	
	現役並みⅡ 標準報酬月額53万～79万円で高齢受給者証の負担割合が3割の人	167,400円＋（総医療費–558,000）×1% 〈多数該当93,000円※〉	
	現役並みⅠ 標準報酬月額28万～50万円で高齢受給者証の負担割合が3割の人	80,100円＋（総医療費–267,000）×1% 〈多数該当44,400円※〉	
一般	上記「現役並み」と下記「低所得」以外の人	18,000円 （年間上限 144,000円）	57,600円 〈多数該当44,400円※〉
低所得	被保険者が市区町村民税非課税の人	8,000円	24,600円
	被保険者とその扶養家族すべての人が所得がない場合		15,000円

※ 過去12か月以内に3か月以上、上限額に達した場合は、4か月目から「多数該当」となり、上限額が下がる

高額介護合算療養費制度の自己負担限度額

	70歳以上 ※1	参考：70歳未満 ※1
年収約1160万円～ 標準報酬月額83万円以上　課税所得690万円以上	212万円	212万円
年収約770万～約1160万円 標準報酬月額53万～79万円　課税所得380万円以上	141万円	141万円
年収約370万～約770万円 標準報酬月額28万～50万円　課税所得145万円以上	67万円	67万円
一般（年収約156万～約370万円） 健保　標準報酬月額26万円以下 国保・後期　課税所得145万円未満	56万円	60万円
住民税非課税世帯	31万円	34万円
住民税非課税世帯（所得が一定以下）	19万円 ※2	

※1　対象世帯に70～74歳と70歳未満が混在する場合、まず70～74歳の自己負担合計額に限度額を適用したあと、残る負担額と70歳未満の自己負担合計額をあわせた額に限度額を適用する

※2　介護サービス利用者が世帯内に複数いる場合は31万円

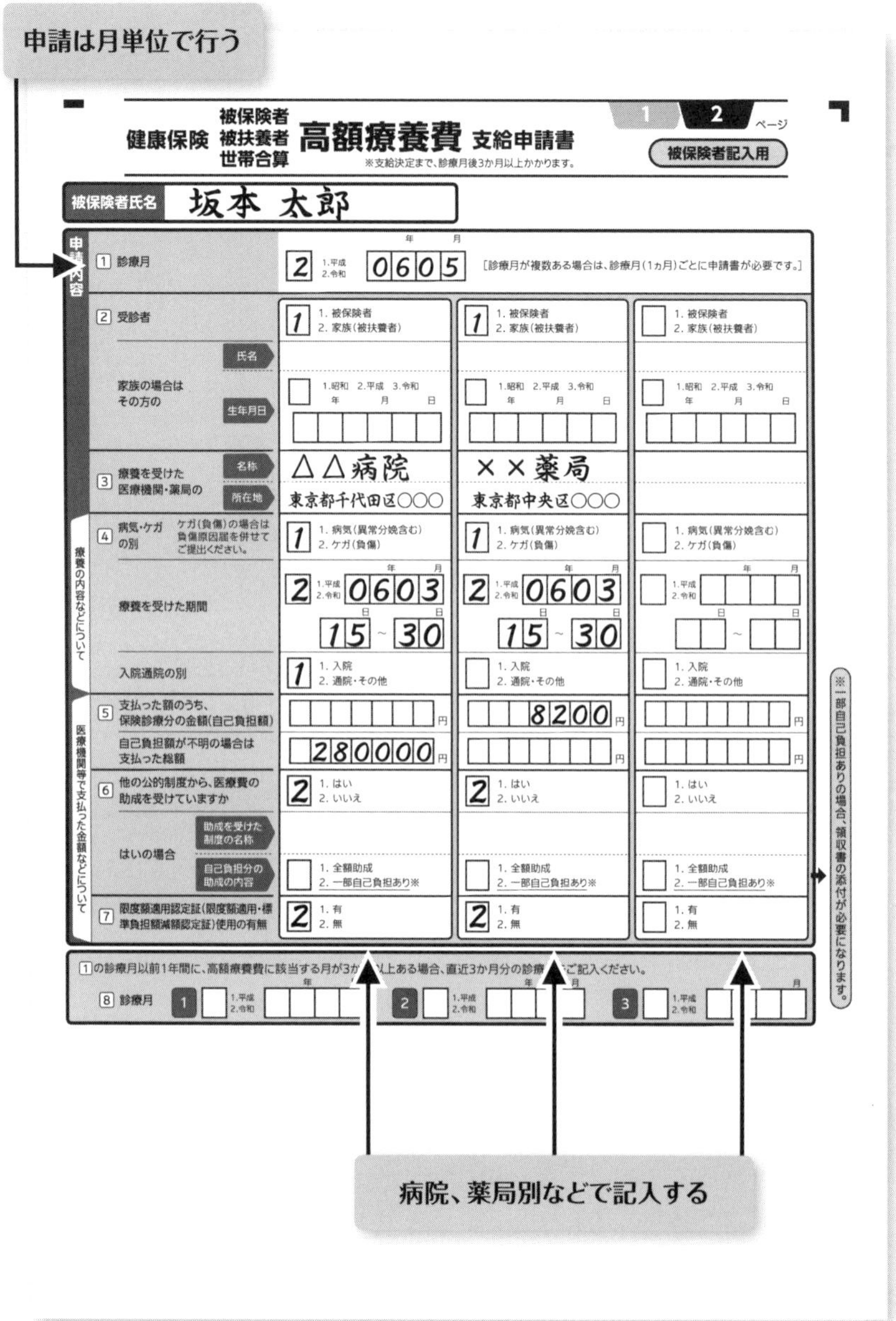
申請は月単位で行う
病院、薬局別などで記入する

健康保険 被保険者 被扶養者 世帯合算 高額療養費 支給申請書

※支給決定まで、診療月後3か月以上かかります。

1 2 ページ

被保険者記入用

被保険者氏名 坂本 太郎

申請内容

1 診療月	2（1.平成 2.令和） 0605（年 月）	［診療月が複数ある場合は、診療月（1ヵ月）ごとに申請書が必要です。］		
2 受診者		1（1. 被保険者 2. 家族（被扶養者））	1（1. 被保険者 2. 家族（被扶養者））	1. 被保険者 2. 家族（被扶養者）
家族の場合はその方の	氏名			
	生年月日	1.昭和 2.平成 3.令和 年 月 日	1.昭和 2.平成 3.令和 年 月 日	1.昭和 2.平成 3.令和 年 月 日
3 療養を受けた医療機関・薬局の	名称	△△病院	××薬局	
	所在地	東京都千代田区○○○	東京都中央区○○○	
療養の内容などについて 4 病気・ケガの別	ケガ（負傷）の場合は負傷原因届を併せてご提出ください。	1（1. 病気（異常分娩含む） 2. ケガ（負傷））	1（1. 病気（異常分娩含む） 2. ケガ（負傷））	1. 病気（異常分娩含む） 2. ケガ（負傷）
療養を受けた期間		2（1.平成 2.令和） 0603（年 月） 15 日 ～ 30 日	2（1.平成 2.令和） 0603（年 月） 15 日 ～ 30 日	1.平成 2.令和 年 月 日 ～ 日
入院通院の別		1（1. 入院 2. 通院・その他）	1. 入院 2. 通院・その他	1. 入院 2. 通院・その他
医療機関等で支払った金額などについて 5 支払った額のうち、保険診療分の金額（自己負担額）		円	8200 円	円
自己負担額が不明の場合は支払った総額		280000 円	円	円
6 他の公的制度から、医療費の助成を受けていますか		2（1. はい 2. いいえ）	2（1. はい 2. いいえ）	1. はい 2. いいえ
はいの場合	助成を受けた制度の名称			
	自己負担分の助成の内容	1. 全額助成 2. 一部自己負担あり※	1. 全額助成 2. 一部自己負担あり※	1. 全額助成 2. 一部自己負担あり※
7 限度額適用認定証（限度額適用・標準負担額減額認定証）使用の有無		2（1. 有 2. 無）	2（1. 有 2. 無）	1. 有 2. 無

※一部自己負担ありの場合、領収書の添付が必要になります。

1の診療月以前1年間に、高額療養費に該当する月が3か月以上ある場合、直近3か月分の診療月をご記入ください。

8 診療月 1（1.平成 2.令和 年 月） 2（1.平成 2.令和 年 月） 3（1.平成 2.令和 年 月）

健康保険高額療養費支給申請書の記載例

どこで
協会けんぽ
市区町村役場

いつまでに
診療を受けた日の翌月１日から２年

健康保険 被保険者 被扶養者 世帯合算 **高額療養費** 支給申請書　1 2 ページ　被保険者記入用　高
※支給決定まで、診療月後3か月以上かかります。

記入方法および添付書類等については、「健康保険 被保険者 被扶養者 世帯合算 高額療養費 支給申請書 記入の手引き」をご確認ください。

申請書は、黒のボールペン等を使用し、楷書で枠内に丁寧にご記入ください。　記入見本 0 1 2 3 4 5 6 7 8 9 アイウ

被保険者情報

被保険者証の（左づめ）	記号 XXXXXXXX　番号 XXXXXXX
生年月日	1（1.昭和 2.平成 3.令和） 20年10月10日
氏名・印	（フリガナ）サカモト タロウ 坂本 太郎　印 自署の場合は押印を省略できます。
住所	〒 113XXXX　東京 都 道 府 県 文京区○○○○
電話番号（日中の連絡先）※ハイフン除く	TEL

振込先指定口座

金融機関名称	△△ 銀行（金庫 信組 農協 漁協 その他（ ））　□□ 支店（本店 代理店 出張所 本店営業部 本所 支所）
預金種別	1（1.普通 3.別段 2.当座 4.通知）
口座番号	XXXXXXX　左づめでご記入ください。
口座名義	▼カタカナ（姓と名の間は1マス空けてご記入ください。濁点（゛）、半濁点（゜）は1字としてご記入ください。） タケモト ヨウコ
口座名義の区分	2（1.被保険者 2.代理人）

「2」の場合は必ず記入・押印ください。（押印省略不可）

受取代理人の欄

被保険者	本申請に基づく給付金に関する受領を下記の代理人に委任します。 氏名・印 サカモト タロウ 坂本 太郎　印 1.平成 2.令和　年 月 日 住所 「被保険者情報」の住所と同じ
代理人（口座名義人）	〒 113XXXX　TEL（ハイフン除く） 03XXXXXXXX 住所 東京都文京区○○○○ （フリガナ）タケモト ヨウコ 氏名・印 竹本 洋子　印
被保険者との関係	長女

被保険者の死亡により配偶者や子など相続人が代理人として申請する

被保険者が死亡した場合、死亡した被保険者の情報を記入する

健康保険・船員保険 高額医療費貸付金 貸付申込書の記載例

どこで
協会けんぽ
市区町村役場

いつまでに
診療月の翌月
1日から2年

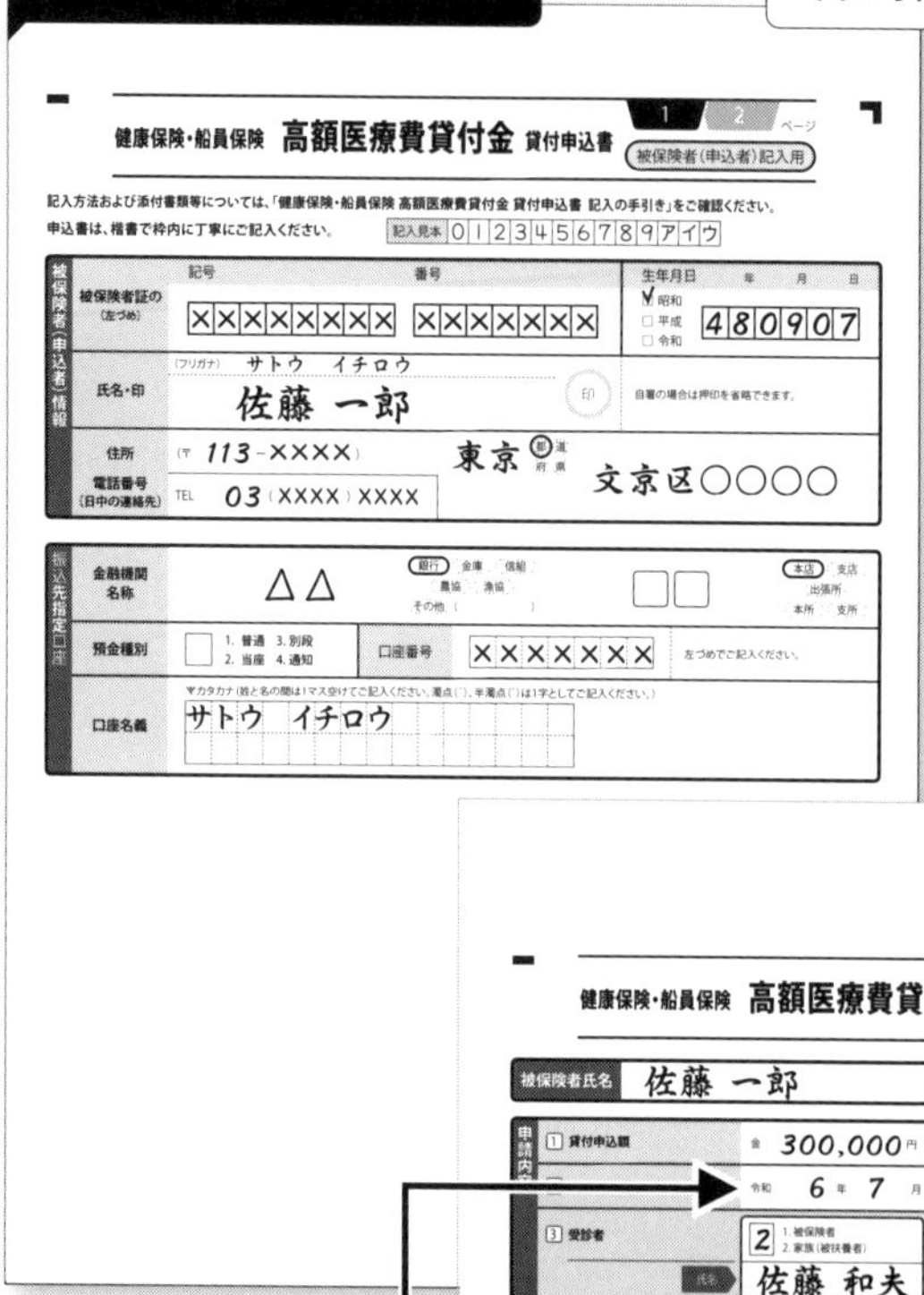
健康保険・船員保険 高額医療費貸付金 貸付申込書　1 2 ページ　被保険者(申込者)記入用

記入方法および添付書類等については、「健康保険・船員保険 高額医療費貸付金 貸付申込書 記入の手引き」をご確認ください。
申込書は、楷書で枠内に丁寧にご記入ください。　記入見本 0 1 2 3 4 5 6 7 8 9 アイウ

被保険者(申込者)情報

被保険者証の（左づめ） 記号 / 番号	××××××××　×××××××
生年月日	☑昭和 □平成 □令和　480907
氏名・印	(フリガナ) サトウ イチロウ　佐藤 一郎　印
	自署の場合は押印を省略できます。
住所	(〒 113-××××) 東京 都道府県 文京区○○○○
電話番号（日中の連絡先）	TEL 03（××××）××××

振込先指定口座

金融機関名称	△△ 銀行・金庫・信組・農協・漁協・その他（　）　□□ 本店・支店・出張所・本所・支所
預金種別	1. 普通 3. 別段 2. 当座 4. 通知
口座番号	××××××× 左づめでご記入ください。
口座名義	▼カタカナ(姓と名の間は1マス空けてご記入ください。濁点(゛)、半濁点(゜)は1字としてご記入ください。) サトウ イチロウ

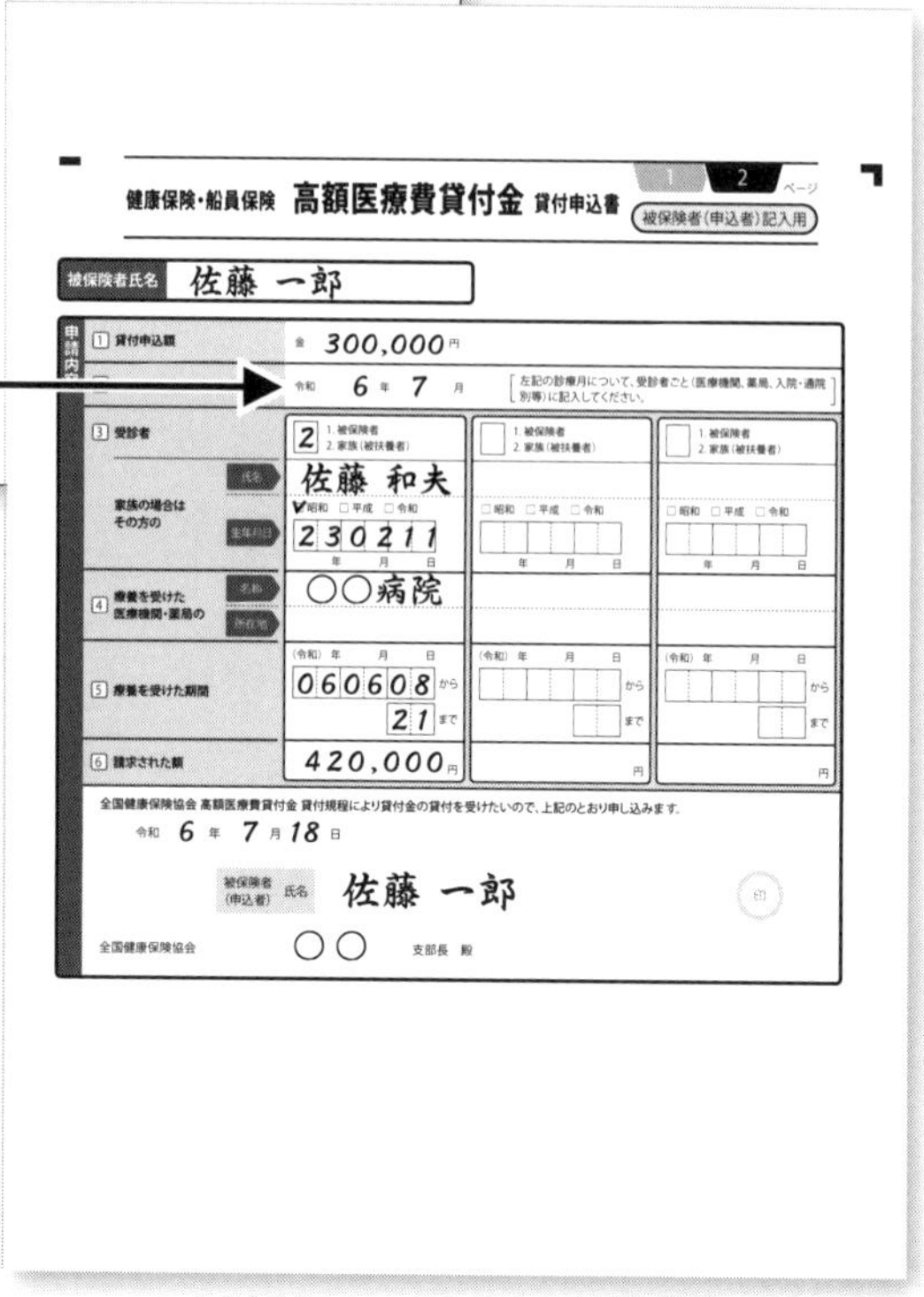
健康保険・船員保険 高額医療費貸付金 貸付申込書　1 2 ページ　被保険者(申込者)記入用

被保険者氏名　佐藤 一郎

申請内容

1 貸付申込額	金 300,000 円		
2	令和 6 年 7 月	左記の診療月について、受診者ごと(医療機関、薬局、入院・通院別等)に記入してください。	
3 受診者	2　1. 被保険者 2. 家族(被扶養者)	1. 被保険者 2. 家族(被扶養者)	1. 被保険者 2. 家族(被扶養者)
家族の場合はその方の 氏名	佐藤 和夫		
生年月日	☑昭和 □平成 □令和 230211 年月日	□昭和 □平成 □令和 年月日	□昭和 □平成 □令和 年月日
4 療養を受けた医療機関・薬局の 名称 / 所在地	○○病院		
5 療養を受けた期間	(令和) 060608 から 21 まで	(令和) 年月日 から まで	(令和) 年月日 から まで
6 請求された額	420,000 円	円	円

全国健康保険協会 高額医療費貸付金 貸付規程により貸付金の貸付を受けたいので、上記のとおり申し込みます。
令和 6 年 7 月 18 日
被保険者(申込者) 氏名　佐藤 一郎　印
全国健康保険協会　○○　支部長 殿

診療月ごとに、受診者ごと（病院、薬局別など）に記入する

※被扶養者である親の高額医療費の貸付を被保険者である子が申請するケースを想定

2-7 介護保険と介護サービスへの対応と手続き

介護保険のサービスを利用していた人が亡くなった時、家族はどのような手続きを行ったらよいのでしょうか。前述のとおり、65歳以上または40歳以上65歳未満で要介護認定を受けていた人が亡くなった場合は、14日以内に介護保険被保険者証を返還します。しかし、それで介護保険への対応が完了というわけではありません。介護サービスが多様化している今、そのサービスの終了にともなう手続きも必要になります。

■介護保険料の精算が必要

65歳以上の人が亡くなった場合は、亡くなる前月分までの保険料を納めることになります。亡くなった際には、故人にかかる介護保険料が月割りで再計算されます。そこで保険料の未納分がある場合は故人の家族に請求されることになり、納めすぎている場合は還付されます。

還付される場合の手続きは、後日、市区町村役場から送られてくる還付通知書に必要事項を記入し、返送すれば済みます。ただし、返送にあたっては、故人と還付通知書を返送する家族の関係がわかる戸籍謄本等が必要になることもあります。

なお、要介護・要支援認定を申請中で、審査の判定が行われる前に亡くなるケースもあり得ます。その場合は各市区町村役場で用意している**要介護・要支援認定等申請取下げ（取消）申出書**（107ページ参照）を提出し、申請を取り下げます。

この取下げ（取消）申出書は市区町村によって、記述の程度（簡単に記入できるか詳細な記入が必要か）がかなり異なります。

■高額介護サービス費制度を利用している場合は？

また、介護保険を利用して支払った自己負担額の合計が一定金額を超えた時、超えた分のお金が戻ってくる高額介護サービス費という制度があります。その制度を利用している場合

介護保険　要介護・要支援認定等申請取下げ（取消）申出書の記載例

どこで	いつまでに
市区町村役場	事由があった日以後すみやかに

受付	被保険者証	調査	意見書	入力

介護保険　要介護・要支援認定等申請取消申出書

殿

平成・㊀令和6年1月15日付 要介護・…次のとおり取消を申し出ます。

なお、申請の代行及びケアプラン作成を…や介護サービス事業者等には私（申出者）から連絡いたします。

申出者（被保険者）				
	被保険者番号	××××××××××	申出年月日	令和 6年 3月 2日
	フリガナ	ワタナベ　ハルコ	生年月日	明・大・㊀昭 18年 8月24日
	氏名	渡辺 春子		
	住所	〒154-×××× 東京都世田谷区○○○○ 電話番号 03-××××-××××		
	取消理由	（該当するものに○） 1. 介護不要　2. 状態不安定　3. 医療対応　④死亡　5. 市外転出		

（申出者と同じ場合は記載不要。）

提出者		
	氏名及び事業者名	該当に○（地域包括支援センター・指定居宅介護支援事業所・指定介護老人福祉施設・介護老人保健施設・指定療養型医療施設・介護医療院） 渡辺 次男
	住所	〒154-×××× 東京都世田谷区○○○○ 電話番号 03-××××-××××
	申出者との関係	家族（二男）　地域包括支援センター　居宅介護支援事業者　介護保険施設　その他（　）

介護保険被保険者証で確認する

該当する理由をマルで囲む

親族のほか、該当する機関を通じた代行でも対応してもらえる

※書式は市区町村によって異なる

など、亡くなったあとも故人の口座に振込みがあるケースも出てきます。

ところが、故人の銀行口座が凍結されていると、その口座に振り込むことができません。その場合、振込みを家族の口座に引き継ぐことができます。市区町村役場の介護保険の担当課に確認するとよいでしょう。

そのほか、それぞれの市区町村では高齢者の保健福祉サービスとして、紙おむつの配付、家族介護慰労金、交通安全つえの給付、緊急通報装置の設置助成、緊急時支援員の派遣、訪問理髪サービス、住宅改修費の助成、食の自立支援（配食サービス）、シルバーカー購入費の助成、警報機器等の設置、はり・きゅう・マッサージ助成券の交付、健康入浴券の交付、家具転倒防止器具取り付け費の助成など、さまざまなサービスを用意し、故人がそうしたサービスを利用していたケースもあります。

介護保険制度は国として定めた制度ですが、その運用にあたっては市区町村によって内容に差があるのも事実です。また、実際の利用では、保険適用外のサービスを利用しているケースもあるでしょう。それらの返還・停止などの扱いについては、まず市区町村役場の担当課に連絡することをお勧めします。

2-8

銀行口座の取り扱いと処理の最新事情

身近な人が亡くなった時、第一に心配になるのは一般の銀行、ゆうちょ銀行などにかかわらず、故人の銀行口座の扱いという人も多いでしょう。かつては年老いた親が亡くなると、子が一目散に銀行に走りCD（キャッシュディスペンサー）機で故人名義の通帳から預金を引き出していた時代もありました。

引き出したお金で葬儀代を工面した状況もあったようです。一方、そのような状況のなかで相続トラブルが起こりがちだった現実もあります。

口座の名義人が亡くなったことがわかると、その口座はいったん凍結されます。誰もその口座にお金を振り込むことも、口座からお金を引き出すこともできなくなるわけです。

■新たに「相続預金の払戻し」制度が開始

預貯金が凍結されると、葬儀費用などで早急にお金が必要な時に対応できない、被相続人（故人）に生活費を頼っていた相続人が生活できなくなるという問題がありました。

そこで、２０１９年７月以降、遺産分割前であっても、一定限度まであれば被相続人の預貯金から出金できる「相続預金の払戻し」制度が開始されました。

出金できる金額の上限は、次のどちらか「低いほうの金額」です。

・死亡時の預貯金残高×法定相続分×３分の１
・１５０万円

これは「金融機関ごと」に適用されるので、複数の預金口座があった場合にはその分出金可能な金額が増えます。

なお、払戻しには、次の書類が必要です。

・被相続人が生まれてから亡くなるまでの戸籍謄本、または、法定相続情報一覧図

・相続人全員の戸籍謄本または全部事項証明書
・預貯金の払戻しを希望する人の印鑑証明書
・申請書

また、預貯金の払戻し制度を利用しても、出金額が制限されてお金が足りないケースなどの場合、家庭裁判所で「仮処分」という手続きにより、「法定相続分まで」の支払いを受けることができます。

ただし、家庭裁判所の仮処分には時間がかかるといわれています。

■凍結された口座を解約、払戻し処理する

凍結された銀行口座にある故人の預貯金を相続する際は、相続手続き書類を銀行に提出し、払戻しを行います。その場合の手続きは、それぞれの銀行によって若干のルールの違いがあります。

例としてゆうちょ銀行を挙げると、**相続確認表**（114・115ページ）と**相続貯金等記入票**（116ページ）に必要事項を記入し、最寄りのゆうちょ銀行の窓口に提出します。必

要な書類は、**故人の出生から死亡までの戸籍謄本または法定相続情報一覧図の写し、相続人全員の戸籍謄本、印鑑証明書**などです。

手続きの流れとしては、ゆうちょ銀行の窓口に、相続確認表などを提出すると、後日、「必要書類のご案内」という書類が届きます。その案内に応じて貯金等相続手続請求書など、必要な書類を提出すると、1～2週間のうちに払戻し処理が行われ、被相続人の口座は解約となります。

銀行によっては、また相続の形態によっては、遺言書や遺産分割協議書の提出を求められることもあります。故人の別口座の有無を確認し、まとめる「名寄せ」を行ってくれるところもあります。

10年間、引き出したり預けたりといった権利行使がなされないと、原則、休眠口座という扱いになります。休眠口座になったとしても引き出すことはできます。ただし、被相続人も把握していなかった口座もあるため、残高証明書を発行してもらい、確認するとよいでしょう。

■煩雑な手続きに法定相続情報証明制度が活用できる？

法定相続情報証明制度は、2017年5月から法務省が主導してスタートさせた制度です。簡単に説明すると、「登記所（法務局）に戸籍謄本などの束を提出し、あわせて相続関係を一覧に表した図（法定相続情報一覧図）を提出すれば、登記所の登記官がその一覧図に認証文をつけた写しを交付し、その**法定相続情報一覧図の写し**を利用すれば、その後の相続手続きでは戸籍謄本などの束を何度も出し直す必要がなくなる」という制度です。

現在、被相続人名義の預貯金の払戻し、相続税の申告、相続登記、年金等手続きなどにおいて利用できます。

この相続確認表はゆうちょ銀行の場合。書式は金融機関によって異なり、相続手続きの依頼書、故人・相続人の戸籍謄本、実印（印鑑証明）、遺産分割協議書など必要な資料を提出することで、金融機関側が内部的に必要な書類を整理して対応することもある。「名寄せ」をしてもらうことも考慮したい

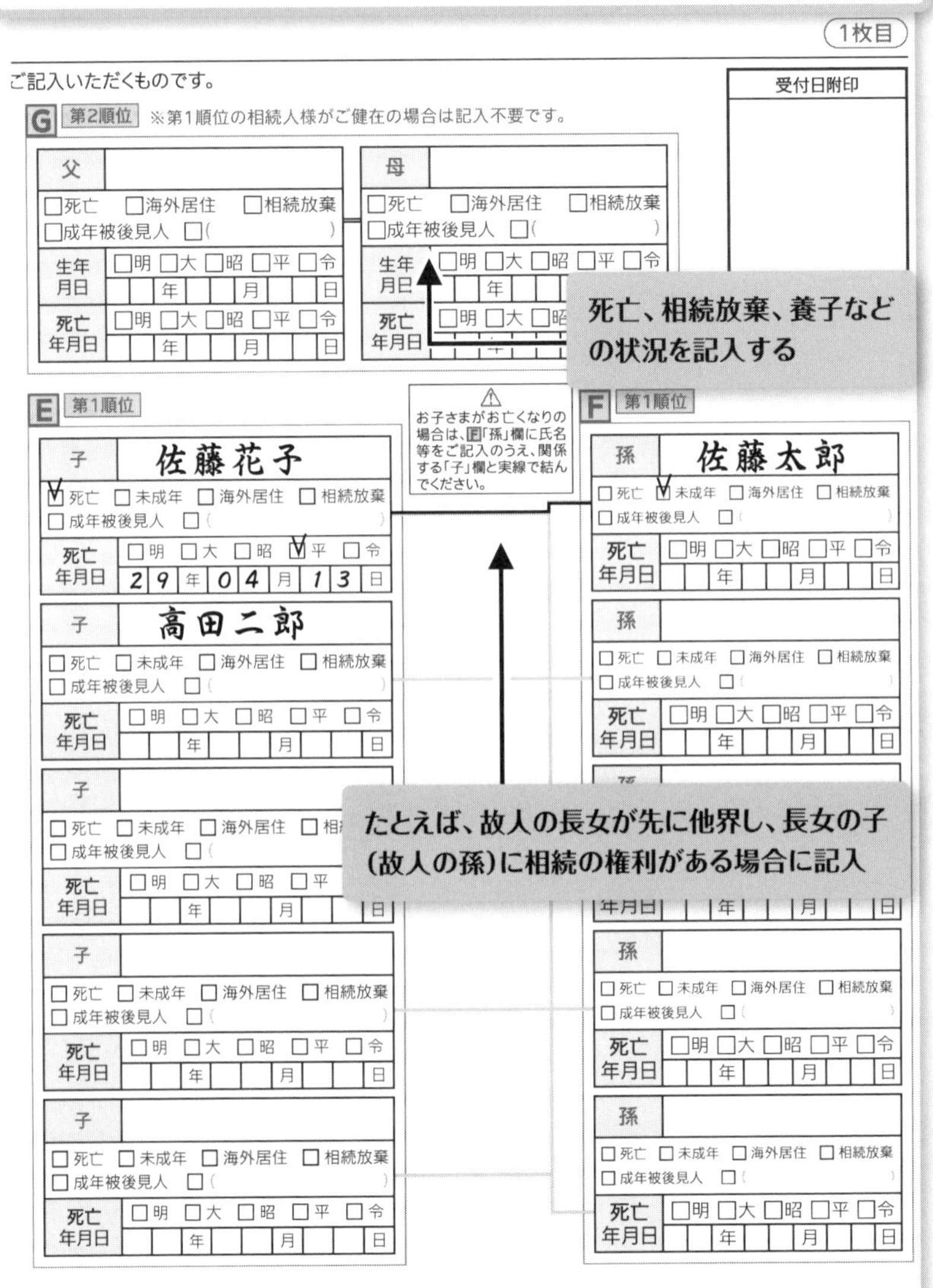

※この用紙は1枚目。省略した2枚目は相続人が第3順位以降になる場合、遺言執行者が指定されている場合などに使用

相続確認表の記載例

どこで	いつまでに
金融機関	故人の口座を解約する時

相続確認表（ご相続人さま関係図）1/2

この用紙は、各種相続手続きのため、被相続人さま（お亡くなりになられた方）とご相続…
※書き損じの際は、二重線で抹消の上、訂正してください。（訂正印は不要です）

該当欄にチェックを入れる

A

遺言書などの有無の確認		
1 相続人間の紛議	□あり	☑なし
2 被相続人の遺言書	□あり	☑なし
3 遺産分割協議書	☑あり	□なし
4 調停調書・審判書	□あり	☑なし

2ありにチェックされ、遺言執行者が指定されている場合は、2枚目のL「遺言執行者」欄にご記入ください。

D

配偶者	高田 文子
□死亡 □海外居住 □相続放棄 □成年被後見人 □（ ）	
死亡年月日	□明 □大 □昭 □平 □令 年 月 日

B ※お亡くなりになった時点のおところをご記入ください。

被相続人（お亡くなりになられた方）

おところ	〒135-××××　東京 ㊟都道府県　江東 市区郡（区に〇） 〇〇〇〇
フリガナ	タカダ　イチロウ
おなまえ	姓 高田　名 一郎　□外国籍
生年月日	□明 □大 ☑昭 □平 □令　21年 03月 13日
死亡年月日	□平成 ☑令和　06年 05月 25日

C ●代表相続人さまのおなまえ・ご連絡先などをご記入ください。
※代表相続人とは、相続関係の手続きを代表して行なっていただく方のことをいいます。

代表相続人

おところ	〒135-××××　東京 都道府県（都に〇）　江東 市区郡（区に〇） 〇〇〇〇
フリガナ	タカダ　フミコ
おなまえ	姓 高田　名 文子　□法人
ご連絡先電話番号	090-××××-××

電話連絡をさせていただく場合のご都合のよい時間帯
※内容確認のために電話連絡をさせていただく場合があります
平日（月～金）の午前9時から午後5時までの間でご指定くださ…

通常は故人の配偶者、第1順位の相続人が記入する

ご来局されたお客さまが代表相続人さまと同一人でない場合は、2枚目の「ご来局されたお客さま」欄のご記入をお願いします。

相続貯金等記入票の記載例

どこで

金融機関

いつまでに

故人の口座を解約する時

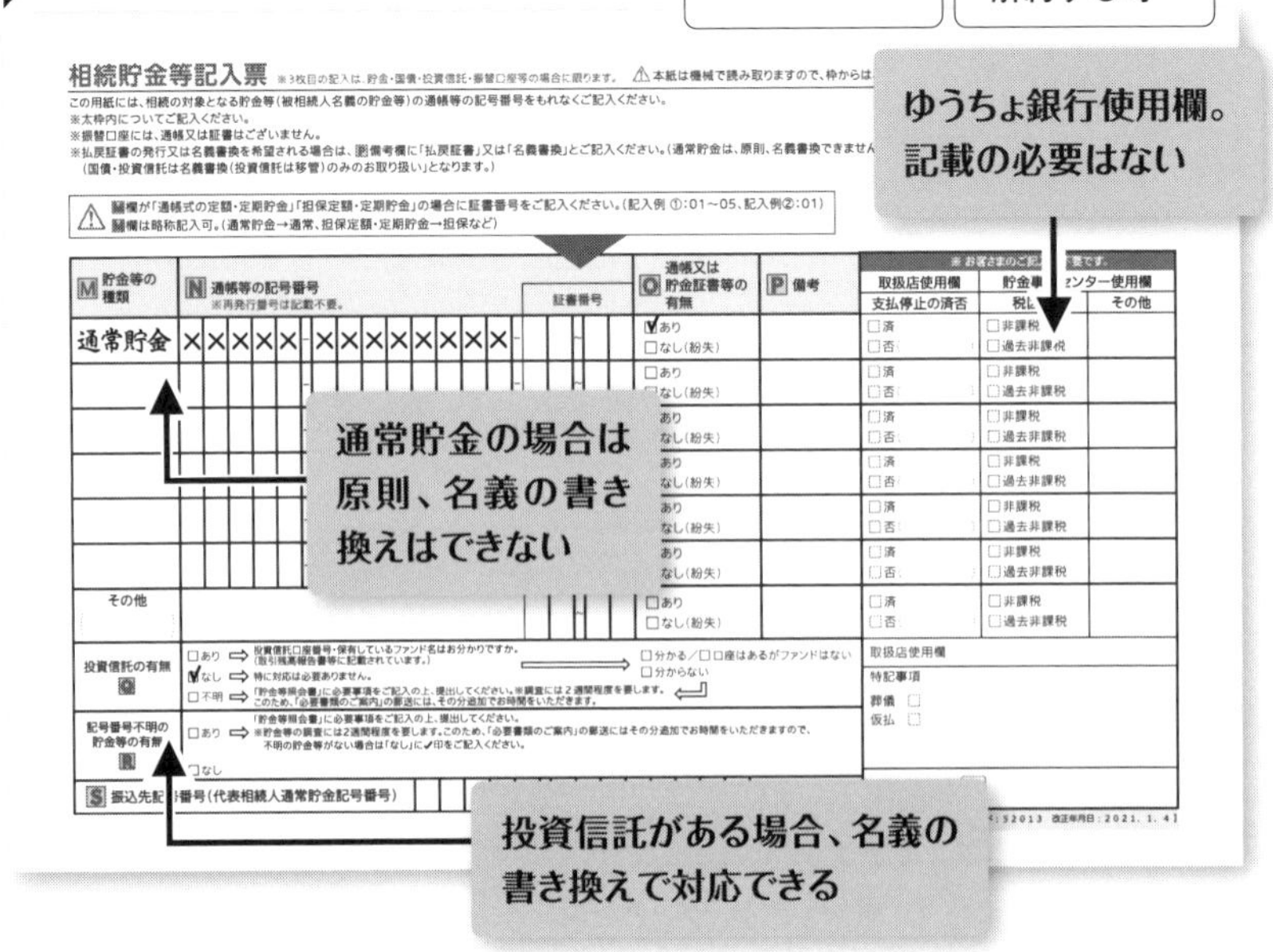

相続貯金等記入票 ※3枚目の記入は、貯金・国債・投資信託・振替口座等の場合に限ります。 ⚠本紙は機械で読み取りますので、枠からは

この用紙には、相続の対象となる貯金等（被相続人名義の貯金等）の通帳等の記号番号をもれなくご記入ください。
※太枠内についてご記入ください。
※振替口座には、通帳又は証書はございません。
※払戻証書の発行又は名義書換を希望される場合は、P備考欄に「払戻証書」又は「名義書換」とご記入ください。（通常貯金は、原則、名義書換できません
（国債・投資信託は名義書換（投資信託は移管）のみのお取り扱い」となります。）

⚠ M欄が「通帳式の定額・定期貯金」「担保定額・定期貯金」の場合に証書番号をご記入ください。（記入例 ①:01～05、記入例②:01）
M欄は略称記入可。（通常貯金→通常、担保定額・定期貯金→担保など）

M 貯金等の種類	N 通帳等の記号番号 ※再発行番号は記載不要。	証書番号	O 通帳又は貯金証書等の有無	P 備考	取扱店使用欄 支払停止の済否	貯金事務センター使用欄 税	その他
通常貯金	×××××-××××××××		☑あり □なし（紛失）		□済 □否	□非課税 □過去非課税	
			□あり □なし（紛失）		□済 □否	□非課税 □過去非課税	
			□あり □なし（紛失）		□済 □否	□非課税 □過去非課税	
			□あり □なし（紛失）		□済 □否	□非課税 □過去非課税	
			□あり □なし（紛失）		□済 □否	□非課税 □過去非課税	
			□あり □なし（紛失）		□済 □否	□非課税 □過去非課税	
その他			□あり □なし（紛失）		□済 □否	□非課税 □過去非課税	

投資信託の有無
□あり ⇨ 投資信託口座番号・保有しているファンド名はお分かりですか。（取引残高報告書等に記載されています。） ⇨ □分かる／□口座はあるがファンドはない □分からない
☑なし ⇨ 特に対応は必要ありません。
□不明 ⇨ 「貯金等照会書」に必要事項をご記入の上、提出してください。※調査には2週間程度を要します。このため、「必要書類のご案内」の郵送には、その分追加でお時間をいただきます。

記号番号不明の貯金等の有無
□あり ⇨ 「貯金等照会書」に必要事項をご記入の上、提出してください。※貯金等の調査には2週間程度を要します。このため、「必要書類のご案内」の郵送にはその分追加でお時間をいただきますので、不明の貯金等がない場合は「なし」に✔印をご記入ください。
□なし

取扱店使用欄
特記事項
葬儀 □
仮払 □

S 振込先記号番号（代表相続人通常貯金記号番号）

ゆうちょ銀行使用欄。
記載の必要はない
通常貯金の場合は
原則、名義の書き
換えはできない
投資信託がある場合、名義の
書き換えで対応できる

2-9

クレジットカードはどうする？各種カードの解約方法

故人が各種のクレジットカードを所有していた場合は、亡くなったあと、すみやかに解約する必要があります。

何より他の誰かにカードを使って決済されると困りますし、凍結されていない銀行口座に預貯金があると、年会費やカードの引落しが継続されてしまいかねないからです。

■カード上に債務がなければ、電話で解約できるケースが多い

故人のクレジットカードの解約方法は各クレジットカード会社によって若干の違いがあります。事情を電話で伝えるだけで故人名義のカードの解約に対応してもらえる会社もあれば、所定の用紙に必要事項を記入のうえ提出しなければならない会社もあります。

電話で申し出ることで解約に応じてくれる会社の場合、その申出人が本当の相続人かどうか、また、故人名義のカードを解約する資格がある人かどうかを確認するため、その会社が用意しているいくつかの質問を行い、その回答状況によって判断します。

相続人の問題としては、カード会社に多額の債務がある場合です。たとえば、「カードローンの残高が３００万円あります。解約にあたっては、一括でご返済ください」といわれても困るでしょう。そのような場合、カード会社によっては相続に関する専門窓口の担当者が相談に応じてくれるケースもあります。

いずれにせよ、カード会社の債務は返済義務のある**負の相続財産**ということになります。相続にあたっては、プラスの財産もあればマイナスの財産もあるということを理解しておきましょう。もし、マイナスの財産を相続したくないと考える場合は、後述する**相続放棄**や**限定承認**といった方法・手続きがあります。

なお、ある相続人が相続を放棄すると、その負の財産は次順位の相続人に移ることになります。それがトラブルのもとになる可能性があることも留意したいところです。

2-10

ネット関連のアカウント処理も忘れずに！

インターネット全盛の時代となり、高齢者でもメルマガやブログ、ＳＮＳ、さらにネット通販などのアカウントをいくつも保有していることが一般的になっています。そのような状況において、身近な人がアカウントを保有したまま亡くなるケースもあるでしょう。

■必要ないと思ったアカウントから削除していくのが無難

アカウントを残したまま身近な人が亡くなると、どのような問題があるのでしょうか。「特段の問題はない」という人もいますし、「何が起きるか見当がつかない」という人もいます。どちらも間違いではありません。そこで、「必要ないと思ったアカウントから削除していく」ことが現実的な対応といえます。

故人のアカウントを削除する場合、ＩＤやパスワードを知っていれば、そこからアカウント情報に入り削除の手続きを行います。ＩＤやパスワードがわからない場合は、運営会社に連絡して削除手続きを行います。その際に、遺族であることを証明する書類や死亡届が必要な場合もあります。

ブログやＳＮＳでは、デジタル終活として、いわゆる追悼アカウントを用意しているケースもあります。そのアカウントには誰もログインできず、生前の投稿情報が指定された人にのみ表示されたり、閲覧できたりなど、ブログのプロバイダやＳＮＳの運営会社が有用と思う範囲で使えるようにしているわけです。

ネット通販のように、支払いがカード会社、さらに銀行口座と紐づいているケースもあります。その場合は銀行口座、故人名義のカードを解約すれば、実質的にカード会社を通じたアカウントの悪用を防ぐことができます。

そのほか、故人が撮った写真などを大量に保有できるサービスのアカウントもあります。故人の思い出にアカウントを生かしたままにすることも一理ありますが、そのサービスが利用停止にならない限り、半永久的にアカウントが生き続けることになり、その善し悪しの判断はさまざまです。

第3章
揉めずに進める
遺産の整理と相続手続き

3-1 遺言書の種類と確認のしかた

遺言書は大きく次の3種類に大別できます。

①自筆証書遺言
②公正証書遺言
③秘密証書遺言

自筆証書遺言とは遺言者が、文字どおり自分で記載した遺言書です。

公正証書遺言とは、自分で記載するのではなく、公証役場に出向き、公証人に頼んで記載してもらう遺言書です。でき上がった遺言書は公証役場に保管されますので、自筆証書遺言に比べ、なくなったり書き換えられたりする心配がなくなります。

秘密証書遺言とは、自筆証書遺言の一つの形態ということもできます。公証役場に証人となり得る人の立ち会いのもと、遺言書に封をして、保管しておく遺言です。一般に、証人と

主な遺言書の種類

①自筆証書遺言
自分で記載した遺言書

②公正証書遺言
公証人に記載してもらった遺言書

③秘密証書遺言
自筆で記載し、公証人・証人の立ち会いのもと封緘して署名・捺印した遺言書

①と③は家庭裁判所の検認が必要

なり得る人は弁護士、司法書士、行政書士などの専門家が該当します。

■有効な遺言書かどうか確認する

身近な人が亡くなったら、まず故人の相続人が誰であるかを正確に確認します。法定相続人は79ページの図の順位になります。故人の配偶者は常に相続人です。

誰が相続人であるかが確定したら、故人が遺言書を残していないかを確認しましょう。仏壇のなか、銀行の貸金庫などに保管しているケースもありますし、知り合いの弁護士や寺の住職、さらには古くからの親友などに預けているようなケースもありま

す。

最近では、動画で録画し、ＤＶＤなどに収めているケースもあるようです。それは、思い出としては故人を偲ぶうえで感慨もひとしおでしょう。しかし、遺言書としては書面ではないので無効です。

一般的に、相続の方法を示した遺言書は、自筆証書遺言か公正証書遺言になるでしょう。このうち、公正証書遺言は家庭裁判所に提出して確認をとる検認という手続きは必要ありません。一方、**自筆証書遺言の場合は、次項で述べる「法務局で保管されるもの」を除き、勝手に封を切ってはならず、検認のうえ開封します。**

遺言者の最後の住所地の家庭裁判所に、必要書類を準備したうえで自筆証書遺言による遺言書の検認の申立てをすると、検認の日時が指定され、その当日に関係者が立ち会い、家庭裁判所の裁判官が開封します。そして、開封された遺言書と家庭裁判所が作成した検認済証明書が戻されます。検認には長いと数か月かかることもあるので、早めに手続きをすることが大切です。

遺言書に記載された内容（遺贈、認知など）を実現するために、遺言書の文面に、相続人を代表する人や親しい弁護士など遺言の執行者が記されていることが多いものです。執行者が、その遺言書に沿って誰が何を相続するかを確認し、財産を相続する手続きを行います。

なお、自筆証書遺言について、法的に有効なのは次の要件が備わっているものです。

・添付の財産目録以外は遺言者本人が自筆で全文を書いている

これは自筆の筆跡により、第三者による不正や偽造を防ぐためのものです。

・作成した日付を正確に自筆で書いている

たとえば、「令和6年7月吉日」など、日付の曖昧なものは無効で、複数の遺言書があった場合は日付が新しいものが有効になります。

・戸籍上の氏名を自筆で書いている

いわゆるペンネームなどは無効で、より正確に人物を特定するため、住所を正確に入れるケースも多いようです。後述する自筆証書遺言書保管制度を利用する場合は、住民票の記載どおりに署名してあるものが有効です。

・押印は鮮明に

認印でもいいのですが、印影が不明瞭にならないよう、しっかりと押されていることが要件です。印影にカケ・カスレがあったり、押印がない場合は法的には無効です。

・決まりに則した訂正で

訂正する部分に二重線を引き、訂正のための押印がされていることが必要です。また、欄外にどこを訂正したかを書いて、署名するのが法律上の決まりです。

■自筆証書遺言の法務局保管制度

民法改正によって2020年7月から、自筆証書遺言について、法務局で保管する制度がスタートしています。

これまで自筆証書遺言は、遺言者が自分で保管するのが原則でした。しかし、発見されなかったり、偽造等のリスクもあったりして、利用しにくい面がありました。そこで、民法改正にともない2020年7月10日から、法務局が自筆証書遺言を預かって保管してくれる制度が開始されました。

具体的には、遺言者が自分で作成した自筆証書遺言を法務局に持っていき、127ページに挙げた**遺言書の保管申請書**とともに保管を申請します。法務省ウェブページ（https://www.moj.go.jp/MINJI/06.html）の「遺言書の保管申請書」をクリックすれば、入力画面が表示され、比較的容易に作成できます。

遺言書の保管申請書の入力例

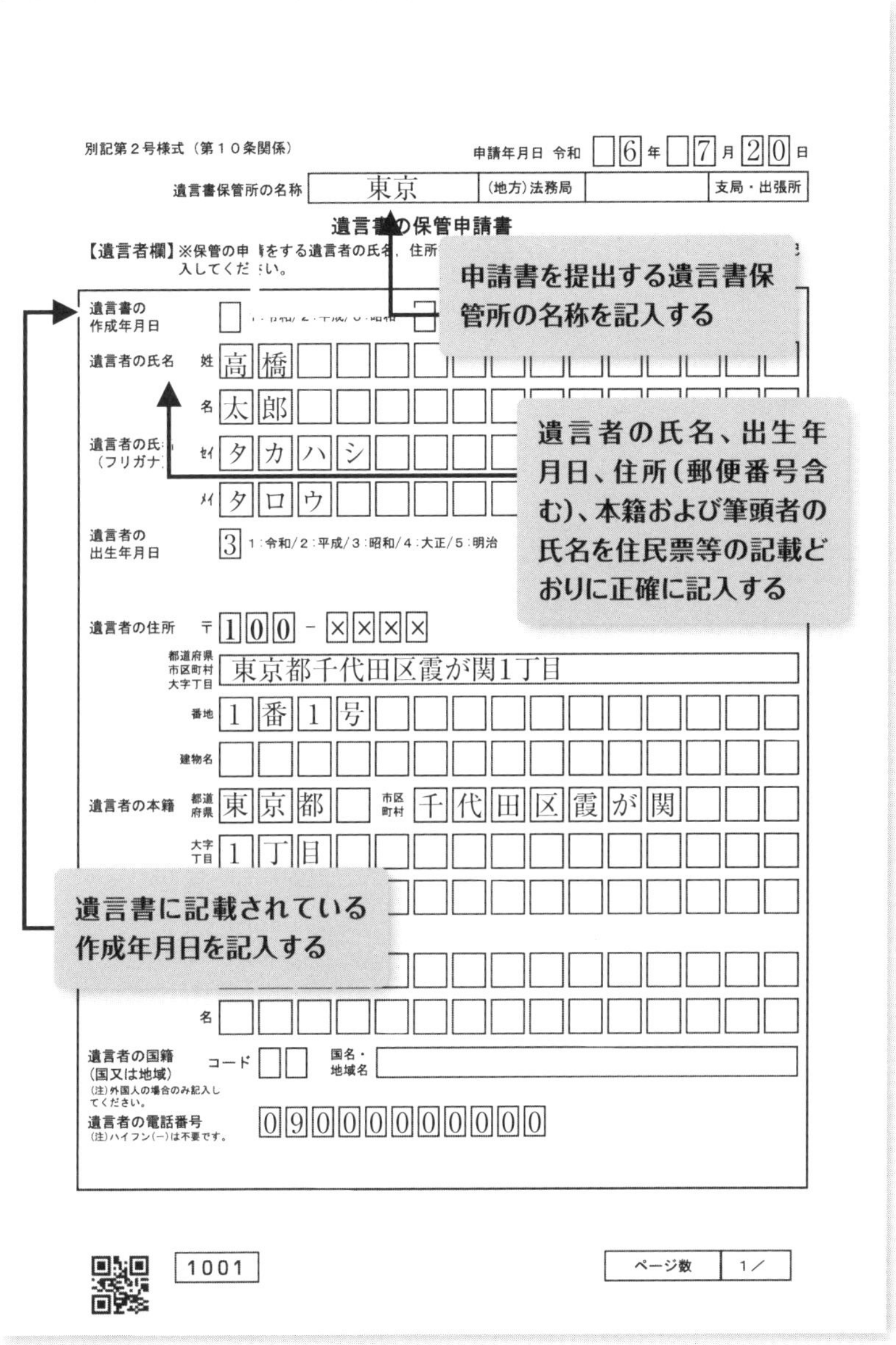
別記第２号様式（第１０条関係）

申請年月日 令和 6 年 7 月 20 日

遺言書保管所の名称 東京 （地方）法務局 支局・出張所

遺言書の保管申請書

【遺言者欄】※保管の申請をする遺言者の氏名，住所…入してください。

遺言書の作成年月日	1：令和/2：平成/3：昭和
遺言者の氏名	姓 高橋　名 太郎
遺言者の氏名（フリガナ）	セイ タカハシ　メイ タロウ
遺言者の出生年月日	3　1：令和/2：平成/3：昭和/4：大正/5：明治
遺言者の住所	〒 100－×××× 都道府県 市区町村 大字丁目 東京都千代田区霞が関1丁目 番地 1番1号 建物名
遺言者の本籍	都道府県 東京都　市区町村 千代田区霞が関 大字丁目 1丁目
	名
遺言者の国籍（国又は地域） (注)外国人の場合のみ記入してください。	コード　国名・地域名
遺言者の電話番号 (注)ハイフン(－)は不要です。	09000000000

1001　ページ数 1／

申請書を提出する遺言書保管所の名称を記入する
遺言者の氏名、出生年月日、住所（郵便番号含む）、本籍および筆頭者の氏名を住民票等の記載どおりに正確に記入する
遺言書に記載されている作成年月日を記入する

法務局では、法務省令で定める様式に従って作成されているかを確認し、原本を保管したうえで画像データとして記録します。費用は1件につき3900円です。

この制度を利用すれば、相続の開始後、相続人は誰でも、全国どこの法務局からでも、遺言書の有無と画像データの確認ができます。また、複数いる相続人のうち一人が遺言書の原本の閲覧や画像データの確認の申請を行うと、法務局から他のすべての相続人に対して遺言書を保管していることが通知されます。法務局で保管した自筆証書遺言については検認手続きも不要です。

■自筆証書遺言のパソコン作成

従来、自筆証書遺言は全文を自筆で書くことが条件で、書き間違えたり財産の内容に変更があったりした場合、訂正したり最初から書き直したりする必要がありました。また、遺言書を記載したあとで財産の内容に変更があった場合、そのつど訂正したり、全部書き直したりすることにも手間がかかりました。

2019年1月13日からは、遺言書のうち財産目録については、パソコンで作成することができるようになりました。この財産目録は遺言者以外の人が作成したものでもかまいません。あるいは、不動産の登記事項証明書や預貯金通帳のコピーを財産目録として添付することも認められます。

ただし、遺言書本文は、これまでと同様、自筆で記載する必要があります。

なお、財産目録は「添付」するものなので、遺言書本文と財産目録は必ず別の用紙に作成する必要があります。たとえば、財産目録をパソコンで作成して、その用紙の余白に自筆で本文を記載したような場合、財産目録を添付したことにはなりません。

また、財産目録のすべてのページに遺言者が署名・押印しなければなりません。押印については、実印の必要も遺言書本文で使用した印鑑と同じである必要もありませんが、偽造の疑いをもたれないようにするため、同じ印鑑にしておくのが望ましいとされています。

そのほか、遺言書本文や他の財産目録などをつづる時の契印は必要とされていませんが、遺言書本文と財産目録などの一体性を確保するため契印をしたり、一緒に封緘したり、遺言書全体をつづったりすることが望ましいとされています。

3-2

相続人が誰かを確認・特定する

法定相続人が誰か、およびその相続の順位は79ページの図に挙げたとおりです。通常はこの図に挙げた範囲で、相続する人は誰か、自分が第何順位の相続人であるのかはわかるものです。

ちなみに、順位は、その順位に該当する人がいない場合にのみ、次の順位に移ります。たとえば、故人に子がいれば、その子が法定相続人であり、第2順位の父母は法定相続人ではありません。独身の人が亡くなった場合、配偶者と第1順位の子はいないので、第2順位の父母が法定相続人となり、父母・祖父母ともすでに他界している場合は、第3順位の兄弟姉妹が法定相続人となります。

相続人の確定は、通常は故人の戸籍謄本を取り寄せて行います。しかも、亡くなる直前の本籍地で除籍謄本を取り寄せるだけではなく、生まれてから亡くなるまでの連続した戸籍謄本によって確認します。

■亡くなる直前の本籍地の戸籍からさかのぼる

確認のしかたは、出生から亡くなるまでの戸籍をたどっていくよりも、まず亡くなる直前の本籍地で戸籍謄本を取り寄せ、そこからさかのぼっていくとよいでしょう。その戸籍謄本は一般に、**戸籍全部事項証明書**（134ページ図参照）と呼ばれています。故人の世帯員全員の戸籍を証明するものです。

そのなかの故人について証明する欄に「転籍」の文字があれば、転籍前の戸籍があったことがわかります。その多くは改製原戸籍謄本と呼ばれるもので、戸籍法の改正前につくられた戸籍です。

また、婚姻によって新たに戸籍がつくられた場合、故人が婚姻する前の本籍地から婚姻前の戸籍謄本を取り寄せます。

近年は戸籍の証明事項をデジタル化している市区町村役場が多くなってきました。そのため、亡くなる直前の戸籍謄本も改製原戸籍謄本も一括管理している市区町村役場も一般的に

戸籍の変遷

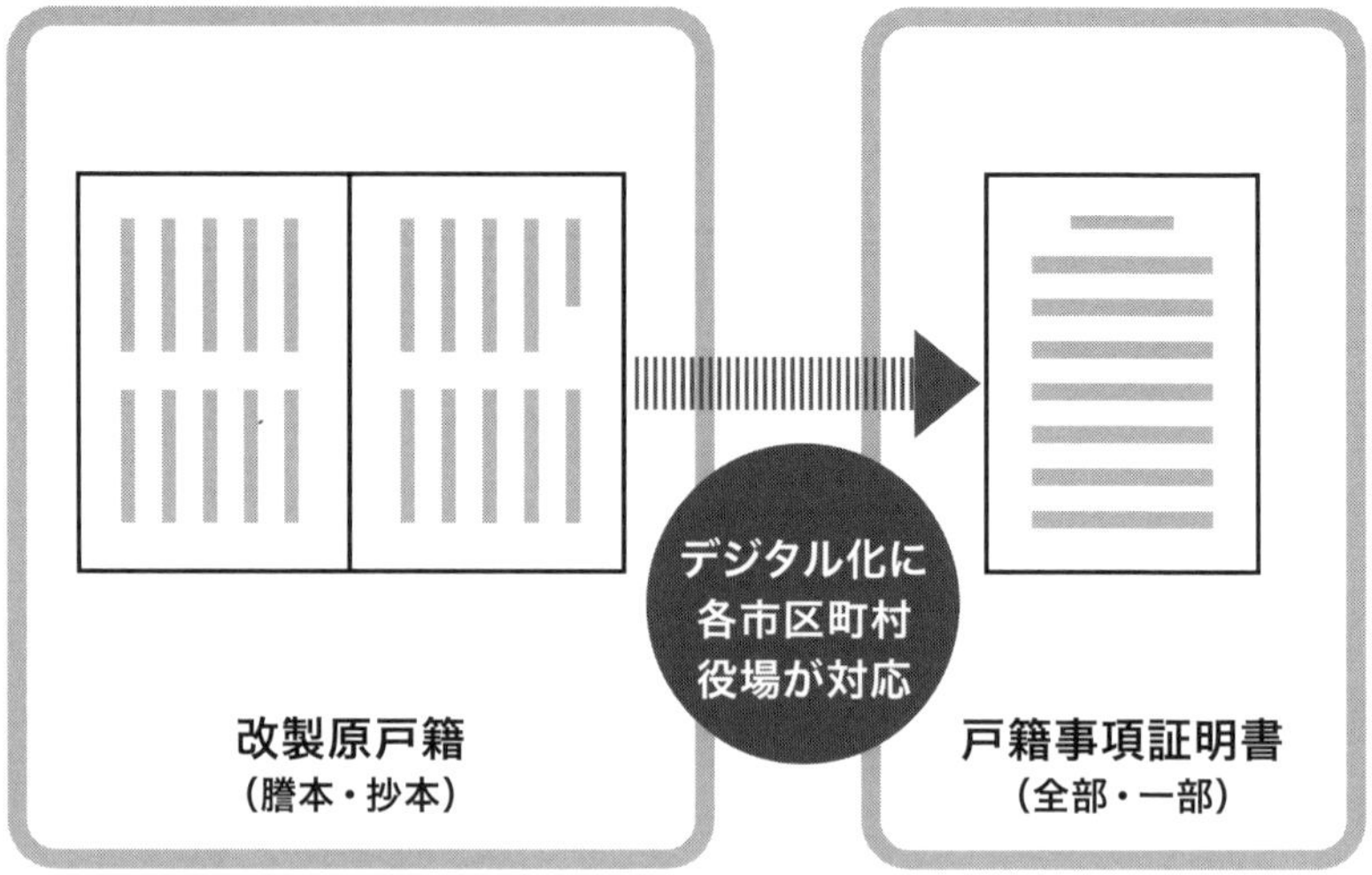

なってきました。

さらに、改製原戸籍謄本を取り寄せる際に、戸籍に在籍する人が誰もいなくなっている場合、そのことを示す除籍謄本を取り寄せます。これで、故人が生まれてから亡くなるまでの戸籍の移り変わりが明確になったことになります。

なお、令和6年3月1日から、戸籍謄本等の広域交付が始まっています。これは本籍地以外の市区町村役場の窓口でも戸籍証明書や除籍証明書を請求できる制度です。

■相続での変更登記の際にも必要

なぜ、このように故人が生まれてから亡

くなるまでの戸籍が必要になるのでしょう。

第一の目的は、誰が相続人になるかを正確に確認する必要があるからです。とくに不動産の名義変更などの登記をともなう手続きについては、相続人が正しく確定されていることが重要です。そのために、戸籍謄本が必要になってきます（その手続きの煩雑さの解消のために、113ページの法定相続情報証明制度があります）。

また、戸籍をさかのぼれば、過去に婚姻していた事実や子どもがいた事実もはっきりとわかります。その事実を故人が隠していたとしても、子の存在がわかれば、当然その子にも相続する権利があります。

最近は、初婚の3組に1組のカップルが離婚する時代になり、再婚、再々婚も以前に比べればよく見かけるようになりました。また、子が成人して連絡がまったくとれなくなるようなことも見聞きするようになっています。

そうなると、いざ相続人を確定する時になって、正確に把握しづらい面も現実にはあるのです。そのようなことにも留意しつつ相続人を確定・特定する必要があります。

戸籍全部事項証明書の記載事項例

本籍 氏名	東京都墨田区○○○○ 加藤 太郎
戸籍事項	**【改製日】**令和○年○月○日 **【改製事由】**
戸籍に記載されている者	**【名】**太郎 **【生年月日】**昭和○年○月○日 **【配偶者区分】**夫 **【父】**加藤一夫 **【母】**加藤保子 **【続柄】**長男
身分事項 出生	 **【出生日】**昭和○年○月○日 **【出生地】**墨田区 **【届出日】**昭和○年○月○日 **【届出人】**父
婚姻	**【婚姻日】**平成○年○月○日 **【配偶者氏名】**山田花子 **【従前戸籍】**茨城県水戸市○○○○
戸籍に記載されている者	**【名】**花子 **【生年月日】**昭和○年○月○日 **【配偶者区分】**妻 **【父】**山田一郎 **【母】**山田明子 **【続柄】**長女
身分事項 出生	 **【出生日】**昭和○年○月○日 **【出生地】**茨城県水戸市 **【届出日】**昭和○年○月○日 **【届出人】**父
婚姻	**【婚姻日】**平成○年○月○日 **【配偶者氏名】**加藤太郎 **【従前戸籍】**茨城県水戸市○○○○

3-3 相続財産として「何が」「どれくらい」あるかを特定しよう

相続人が誰であるか確認・特定できたら、故人の相続財産を特定します。誰が、何を相続するかではなく、まず、故人にどんな相続財産があり、金額に換算したらいくらになるのかを算定するのです。

■プラスの財産とマイナスの財産がある

故人の預貯金など〝もらえるとうれしい〟プラスの財産を「財産」と呼ぶのが一般的ですが、財産には借金など〝できればもらいたくない〟と思えるようなマイナスの財産もあります。

まず、それぞれについて、できるだけ正確に、136ページに挙げたような**財産目録**とし

財産目録の例

（単位：円）

		評価額	日本 花子	日本 一郎	日本 良子	日本 二郎
			配偶者	子	子	子
			1/2	1/6	1/6	1/6
【土地】						
東京都世田谷区 世田谷○－×－△	自宅敷地 150 ㎡	70,000,000	35,000,000	11,666,667	11,666,667	11,666,667
福岡県福岡市中央区 天神×－×－○	賃貸マンション敷地 15 ㎡	8,000,000	4,000,000	1,333,333	1,333,333	1,333,333
土地計		78,000,000	39,000,000	13,000,000	13,000,000	13,000,000
【建物】						
東京都世田谷区 世田谷○－×－△	自宅	20,000,000	10,000,000	3,333,333	3,333,333	3,333,333
福岡県福岡市中央区 天神×－×－○	賃貸マンション	3,000,000	1,500,000	500,000	500,000	500,000
建物計		23,000,000	11,500,000	3,833,333	3,833,333	3,833,333
【有価証券】						
××証券	○○食品	5,000,000	2,500,000	833,333	833,333	833,333
××証券	△△印刷	2,500,000	1,250,000	416,667	416,667	416,667
□□証券	××投資信託	10,000,000	5,000,000	1,666,667	1,666,667	1,666,667
有価証券計		17,500,000	8,750,000	2,916,667	2,916,667	2,916,667
【現預金】						
○○銀行	普通預金	5,000,000	2,500,000	833,333	833,333	833,333
××銀行	普通預金	10,000,000	5,000,000	1,666,667	1,666,667	1,666,667
××銀行	定期預金	20,000,000	10,000,000	3,333,333	3,333,333	3,333,333
現金		100,000	50,000	16,667	16,667	16,667
現預金計		35,100,000	17,550,000	5,850,000	5,850,000	5,850,000
【生命保険】						
△△生命	死亡保険金	40,000,000	20,000,000	6,666,667	6,666,667	6,666,667
×○生命	死亡保険金	20,000,000	10,000,000	3,333,333	3,333,333	3,333,333
生命保険計		60,000,000	30,000,000	10,000,000	10,000,000	10,000,000
【退職金】						
○△商事	死亡退職金	30,000,000	15,000,000	5,000,000	5,000,000	5,000,000
退職金計		30,000,000	15,000,000	5,000,000	5,000,000	5,000,000
【その他財産】						
自動車	△×タイプ	2,000,000	1,000,000	333,333	333,333	333,333
その他財産計		2,000,000	1,000,000	333,333	333,333	333,333
財産合計		245,600,000	122,800,000	40,933,333	40,933,333	40,933,333
【債務】						
△△銀行	借入金	15,000,000	7,500,000	2,500,000	2,500,000	2,500,000
債務計		15,000,000	7,500,000	2,500,000	2,500,000	2,500,000
【葬儀費用】						
○○葬儀社	葬儀代金	2,000,000	1,000,000	333,333	333,333	333,333
××寺	お布施	700,000	350,000	116,667	116,667	116,667
葬式費用計		2,700,000	1,350,000	450,000	450,000	450,000
【小規模宅地の特例】						
東京都世田谷区 世田谷○－×－△	自宅敷地 150 ㎡	56,000,000	28,000,000	9,333,333	9,333,333	9,333,333
福岡県福岡市中 央区天神×－×－○	賃貸マンション敷地 15 ㎡	4,000,000	2,000,000	666,667	666,667	666,667
小規模宅地の特例計		60,000,000	30,000,000	10,000,000	10,000,000	10,000,000
【非課税枠】						
死亡保険金の非課税枠		△ 20,000,000	△ 10,000,000	△ 3,333,333	△ 3,333,333	△ 3,333,333
退職金の非課税枠		△ 20,000,000	△ 10,000,000	△ 3,333,333	△ 3,333,333	△ 3,333,333
課税財産合計		73,897,000	36,949,000	12,316,000	12,316,000	12,316,000
算出相続税額		9,432,000	5,389,800	1,347,400	1,347,400	1,347,400
配偶者控除						
障害者控除（相続人に障害者がいる場合）						
未成年者控除（相続人が未成年の場合）						
2割加算額（相続人が兄弟姉妹の場合等）						
納付相続税額		9,432,000	5,389,800	1,347,400	1,347,400	1,347,400

てリストアップしていくことをお勧めします。
プラスの財産は、次のようなものです。

・現金
・預貯金
・株式などの有価証券
・家財道具や貴金属、自動車などの動産
・土地や家、建物などの不動産
・不動産に関連する借地権などの権利
・著作権、特許権などの形のない財産権
・売掛金や貸付金などの債権

一方、マイナスの財産とは次のようなものです。

・借金、医療費、クレジットカードなどの未払い分
・住宅ローン、カードローンなどの残高
・税金の未納分

・連帯債務、保証債務などの債務

なお、次のものは故人の財産という見方もできなくはありませんが、原則的に相続財産には含まれません。

・故人の葬儀での香典、故人の墓地や墓石、仏壇仏具
・生命保険金、死亡退職金
・遺族年金

これらのうち、亡くなった時の生命保険の受取金や死亡退職金などは、相続税の計算上、一定額を控除して相続財産に組み込まれるものもあります。

こうした相続財産を確定していく段階で、「この相続では相続税がかかりそうだな」といった感触がつかめる場合もあります。その場合は、財産目録の作成の段階から税理士に協力を仰ぐのもいいでしょう。

財産はお金だけではありません。株式、土地や建物など、お金に換算して計算するものもあり、むしろ、そうした財産のほうが大きなウェートを占めるケースが多いのです。その場合、税法上の財産評価基本通達に則して計算する必要があることにも留意しましょう。

また、「相続税はかかりそうにはないけど、財産の名義の変更登記が必要になりそうだな」という感触があれば、司法書士に協力を仰ぐのもお勧めです。

■相続放棄の期日も踏まえ、亡くなってから3か月以内には特定する

プラスの財産、マイナスの財産がはっきりすれば、それらを加算・減算して、故人の財産が金額にしていくらあるのかを確定します。まれにマイナスの財産の額のほうが大きく、相続を放棄したいと思う場合もあるでしょう。

その場合の手続きの詳細は154ページの「3－7」にまとめました。**相続放棄の手続きの期日は、故人が亡くなってから3か月以内**です。

逆にいうと、相続財産の特定は、故人が亡くなってから3か月以内に行わないといけない（行ったほうがいい）ということになります。

3か月という期間は、喪失感を抱きつつ、身近な人亡きあとの生活のことに思いをめぐらせていると、すぐに経ってしまうものです。それだけに、「やるべきことはやっておく」と、気持ちを切り替えて対応することが欠かせません。

なお、放棄期限については伸長の手続きもできます。3か月以内に相続財産の状況を調査しても、単純承認、限定承認、相続放棄のいずれかを決定できない場合、家庭裁判所に申し立てることにより3か月の期間を伸長できます。

何か月伸長できるかは申立書により家庭裁判所が審判します。申立ては、相続の開始があったことを知った時から3か月以内にする必要があります。

3-4

それぞれに長所・短所がある遺産分割のやり方と手順

相続財産が特定できたら、次に誰がどの財産を相続するかという遺産分割を考えていきます。遺産分割には大別して次の4種類の方法があります。

①現物分割
②代償分割
③換価分割
④共有分割

財産には分割しやすいものと分割しにくいものがあり、また、それぞれの分割方法にはメリット・デメリットがあります。最初は、「この方法で分けよう」と皆で決めたものの、あとあとのトラブルになりやすい分割方法もあります。そのことを踏まえておきましょう。

■できるだけお金に換えてから分割したほうがいいけれど……

のちのトラブルを未然に防ぐ観点から、故人の財産はできるだけお金に換えて分割するのが理想といえます。

しかし、現実はそう単純ではありません。そこで、まず分割方法の内容・メリット・デメリットを見ていきましょう。

①現物分割

単純に家などの不動産は配偶者、自動車は長女、現金や有価証券は長男などのように、財産の現物をできるだけトラブルのないように分ける方法です。

ただし、遺産のほとんどが不動産であるような場合は、相続人間で平等に分割することが難しくなります。

②代償分割

相続人の一人が評価額の大きな特定の財産を相続して、他の相続人には相続分の差額を現金で渡す方法が典型的です。たとえば、お金に換えにくい不動産がある時などの分割方法として有用です。ただし、評価額の大きな財産を相続した人が他の相続人に現金で渡す、すなわち代償する元手となるお金があることが前提となります。

③換価分割

故人の財産をお金など分けられる価値に換えて分割する方法です。分割方法のなかではいちばんスッキリした分け方といえますが、お金に換えるため、形態としての財産は残りません。換価分割の対象となる不動産を売却した場合は、譲渡所得の申告が必要になる可能性があります。

また、実際には、換金するのに手間がかかるということも難点です。

④共有分割

たとえば不動産など、ある程度大きな額になる財産を共同で引き継ぐ方法です。

一見、遺産の形態はそのままであり、仲よく引き継いだように見えますが、あとになって現実には財産を処分したいという相続人が出てきても処分できず、自由度の低い分け方といえるでしょう。

共有分割した人が他界して新たな相続が発生すると、相続関係が複雑になります。ですから、トラブルの起きにくい遺産分割の観点からは、あまりお勧めできる方法ではありません。

■遺言書の有無で遺産分割の話し合いの方法が異なる

いろいろな分割方法を参考にしながら、相続人全員が集まって遺産分割の具体的な方法を話し合っていきましょう。

話し合いは、遺言書の有無によって変わります。

①遺言書がある場合

実際に故人の残した財産が遺言書に記載されたとおりであれば、原則的に遺言書に記載されたとおりに遺産を分割します。

ただし、遺言書の内容次第では、後述する相続人の遺留分を侵害し、その相続人から遺留分侵害額請求をされるケースもあり得ます。遺留分侵害額請求とは、故人の兄弟姉妹を除く法定相続人が最低限度の遺産に相当する金銭（遺留分侵害額）を請求できる権利のことです。なお、自筆証書遺言の場合は、財産の表記や分け方が不明瞭になっているケースもないわけではありません。もし、そのような場合は、遺言によらず、相続人全員で話し合い、遺産分割の方法を明確にしていく必要もあるでしょう。

②遺言書がない場合

相続人全員で遺産の分割について話し合うことを遺産分割協議と呼びます。その話し合いによって遺産分割協議書を作成し、その協議書に沿って遺産分割を行います。話し合いが不調に終わって遺産分割協議書が作成できない（相続人全員の署名・押印が得られない）場合は、家庭裁判所に出向いて遺産分割調停の手続きを申し立てます。

遺産分割調停とは、裁判官と調停委員による調停委員会が中立公正な立場で、中立人と相手方の言い分を平等・公平に聞き、調整に努めたり具体的な解決策を提案したりして円満に解決できるよう斡旋する手続きです。

3-5 遺産分割協議書を作成しておこう

遺言書がない場合は遺産分割協議を行い、遺産分割協議書を作成します。遺産分割協議書の形式は自由ですが、相続税申告書への添付のほか、金融機関や法務局などから提出を求められることも多い重要な書類です。

■分割協議の参加者（相続人）全員の署名・押印が必要

遺産分割協議書の例を１４８・１４９ページに挙げておきます。手書きでもかまいませんし、パソコンのワープロソフトでもかまいません。

記載する内容は、

・故人の氏名と亡くなった日

・相続人の誰が何を取得（相続）するのか
・作成した年月日
・協議に参加した相続人それぞれの住所、氏名と押印

などです。相続する財産が多岐にわたるなど遺産分割協議書が複数枚になる場合、一体のものであることを示す割印を押しておきます。

また、相続した不動産の相続登記の申請を法務局で行う場合は、作成した遺産分割協議書に誤字や正確な表記の面で不備があれば、修正を求められるケースもあります。

注意したいのは、不動産や口座の表記です。土地・建物などの所在地、地番などはすべて登記簿の記載どおりに記します。銀行名や支店名、口座の種類なども正確に。相続人の押印は実印で行い、あわせて、それぞれの相続人が印鑑証明書を用意します。

相続人が未成年の場合は代理人の署名・押印、印鑑証明書の添付が必要です。法定代理人がいない場合は、裁判所への特別代理人の申立てが必要になり、期間がかかる場合もあるので注意を要します。

2．相続人　高橋花子は次の財産を取得する

××銀行××支店の被相続人名義の預金 普通預金　口座番号01234567　のすべて

3．相続人　高橋花子は、被相続人の債務すべてを承継する

（後日判明した財産）

4．本協議書に記載なき遺産及び後日判明した遺産は、相続人全員がその財産について再度協議を行うこととする

上記協議の成立を証するため、署名押印したこの協議書を2通作成し、各自1通保有する。

令和○年○月○日

相続人が未成年の場合は代理人の署名・押印、印鑑証明書の添付が必要 →

住所　東京都中央区○○○○
相続人　高橋一郎　（実印）

住所　東京都中央区○○○○
相続人　高橋花子　（実印）

遺産分割協議書の例

遺産分割協議書

被相続人

高橋 隆（令和○年○月○日　死亡）

最後の住所	東京都中央区銀座○丁目○ー○
最後の本籍	東京都中央区銀座○丁目○ー○
登記簿上の住所	東京都中央区銀座○丁目○ー○

上記被相続人の遺産について、次のとおり遺産分割協議を行った。

令和○年○月○日、東京都中央区銀座○丁目○ー○　高橋隆の死亡により開始した相続の共同相続人である高橋 一郎、高橋花子２名は、その相続財産について、次のとおり分割を協議し、決定した。

１．相続人　高橋一郎は、次の不動産を取得する

土地

所　在	東京都中央区銀座○丁目
地　番	○番○号
地　目	宅地
地　積	140.29㎡

建物

所　在	東京都中央区銀座○丁目○番○号
家屋番号	○番○号
種　類	居宅
構　造	鉄骨造ストレート葺
床面積	1階 50.68㎡　　2階 42.21㎡

← 不動産は登記簿の記載どおりに書く

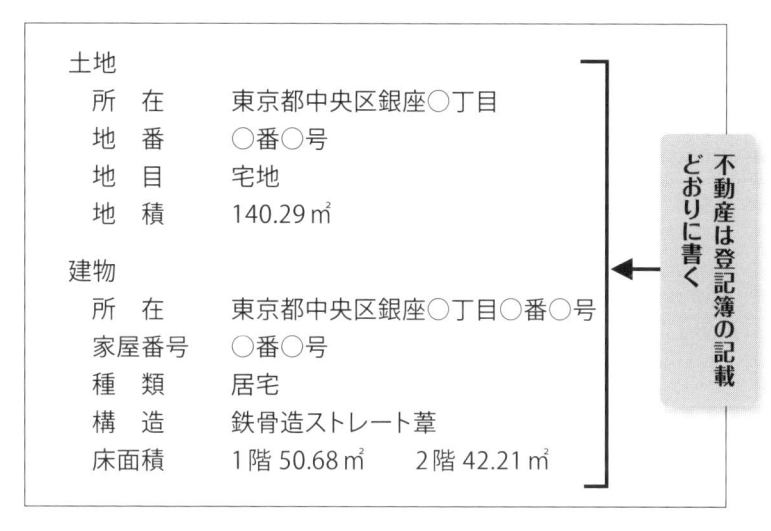

3-6 不動産の相続登記が義務化された

相続が発生した場合、故人が不動産を所有していれば、基本的に不動産の名義変更登記が必要です。

■任意だった相続登記が義務化された

名義を故人のままにしておくと、その不動産に関して新たな相続が発生した場合、名義変更手続きが煩雑になりがちです。そのまま放置してしまうと、結果、誰が所有している不動産かが不明になってしまうという問題が発生しています。そしてこういった問題が増加しており、社会問題化している状況も見られます。

この不動産の名義変更登記について、これまでは法的な期限が設けられていなかったため、故人の名義のままにしているケースも見られます。

しかし2024年4月1日以降、ルールが変更になっています。相続によって不動産を取得した相続人は、所有権の取得を知った日もしくは遺産分割が成立した日から3年以内に相続登記をしなければなりません。

2024年4月1日以前に相続を開始した場合であっても、3年の猶予期間がありますが、相続登記は義務化の対象です。

遺産分割協議書を作成したあと、また、相続税の申告・納付を済ませたあとなどを目安に、必要な変更登記を済ませておくとよいでしょう。

■不動産の名義変更では遺産分割協議と、作成した協議書などが必要

不動産の名義変更をするには、153ページに挙げた不動産の**登記申請書**を作成・提出します。登記申請書そのものは、必要な事項を記載すればよいだけですが、次のような添付書類を揃えるのに手間がかかります。

・故人の出生から死亡までの戸籍謄本

・相続人全員の戸籍謄本
・名義変更によって不動産を取得する相続人の住民票
・印鑑証明書を添付した遺産分割協議書
・固定資産評価証明書

添付書類を見てわかるように、不動産の名義変更は遺産分割協議と協議書の作成が前提となっています。

そこで、故人の財産目録の整備の段階から名義変更手続きまで、司法書士などの専門家に依頼するケースも多いようです。

申請は、その不動産を相続する人が、不動産の所在地を管轄する法務局にて行います。名義変更登記が完了すると、事前に希望している場合は、**登記識別情報通知**という通知書が法務局から届きます。

登記申請書（不動産の相続）の記載例

どこで	いつまでに
法務局	遺産分割が成立した日から3年

登記申請書

登記の目的　所有権移転

原　　因　令和 6 年 7 月 1 日相続

相 続 人　（被相続人 高橋太郎 ）
練馬区○○○○

（申請人） 高橋一郎
江戸川区○○○○
連絡先の電話番号 03－×××× －××××

添付情報
登記原因証明情報　住所証明情報

☑登記識別情報の通知を希望しません。

令和 6 年 8 月 31 日申請　△△ 法 務 局

課税価格　金2,000万円

登録免許税　金80,000円

不動産の表示
不動産番号　×××××××××××××
所　　在　○○市○○一丁目
地　　番　××番
地　　目　宅地
地　　積　223.45平方メートル

不動産番号　×××××××××××××
所　　在　○○市○○一丁目××番地
家屋番号　××番
種　　類　居宅
構　　造　木造かわらぶき2階建
床 面 積　1階　63.00平方メートル
　　　　　2階　42.34平方メートル

通知の必要がない場合は、チェックを入れる

本文中に示した添付書類のこと

登記簿の記載どおりに表示する

3-7

相続を放棄するなら3か月以内に！

相続人を確定し、故人の相続財産を確定する段階で、「ひょっとしたらマイナスの財産のほうが多いかもしれない。借金を背負わないといけないかも？」などと、ふと不安がよぎることもあるでしょう。

実は、相続には三つのパターンがあります。**単純承認**と**限定承認**、そして**相続放棄**です。単純承認とは相続人が、債務などのマイナスの財産も含めたすべての財産を相続することです。限定承認や相続放棄をしない場合は、自動的に単純承認をすることになります。

それに対して限定承認はプラスの財産の範囲内で債務を引き受けるかたちでの相続です。そして、相続放棄はプラスの財産、マイナスの財産ともすべて相続しないという意思表示です。それぞれに手続きが異なります。

■限定承認は相続人全員の承認が必要だが、相続放棄は個人でできる

相続の限定承認は相続人が一人しかいない場合を除いて、相続人個人の意思だけではできません。個人が一人だけ勝手に限定承認して他の相続人が単純承認するようなことが起こると、それぞれの相続人の相続する財産の額が変わってくるからです。限定承認する場合は、相続人全員の意思を確認し、全員でまとまって行うことになります。

手続きは、**相続が始まったことを知った日から3か月以内に、故人の最後の住所地を管轄する家庭裁判所に申請をします**。156・157ページに挙げた**限定承認申述書**のほか、故人の出生から死亡時までのすべての戸籍謄本、相続人全員の戸籍謄本などが必要です。

一方、相続放棄は、相続人全員ではなく、個人の意思により届出ができます。手続きは限定承認と同様に、相続が始まったことを知った日から3か月以内に、158・159ページに挙げた**相続放棄申述書**を提出します。

なお、相続放棄の「相続の始まったことを知った日」というのは「故人の亡くなった日」と考えるのが一般的ですが、「死亡の通知を受けた日」や「相続について先順位者の相続放

（2枚目）

※ 被相続人	本　籍	都道府県　申述人太郎の本籍と同じ
	最後の住所	〒　－　申述人太郎の住所と同じ　（　方）
	フリガナ 氏　名	吉野《ヨシノ》　栄作《エイサク》
		大正 昭和 平成 10年×月×日生 （××歳）
※	本　籍	都道府県

申　立　て　の　趣　旨
被相続人の相続につき、限定承認します。

相続人全員の意思で相続財産を明確にして限定承認していることを示す

申　立　て　の　理　由
1.申述人らは、被相続人の子であり、相続人は申述人らだけです。
2.被相続人は、令和○年○月○日死亡して、その相続が開始し、申述人らはいずれも被相続人の死亡当日に相続の開始を知りました。
3.被相続人には別添の遺産目録記載の遺産がありますが、相当の負債もあり、申述人らはいずれも相続によって得た財産の限度で債務を弁済したいと考えますので、限定承認することを申述します。
なお、相続財産管理人には、申述人の吉野太郎を選任していただくよう希望します。

書式はこのほか「土地、建物、現金等の遺産目録」がある

申述人が複数いる場合は、相続財産管理人が誰になるかを指定する

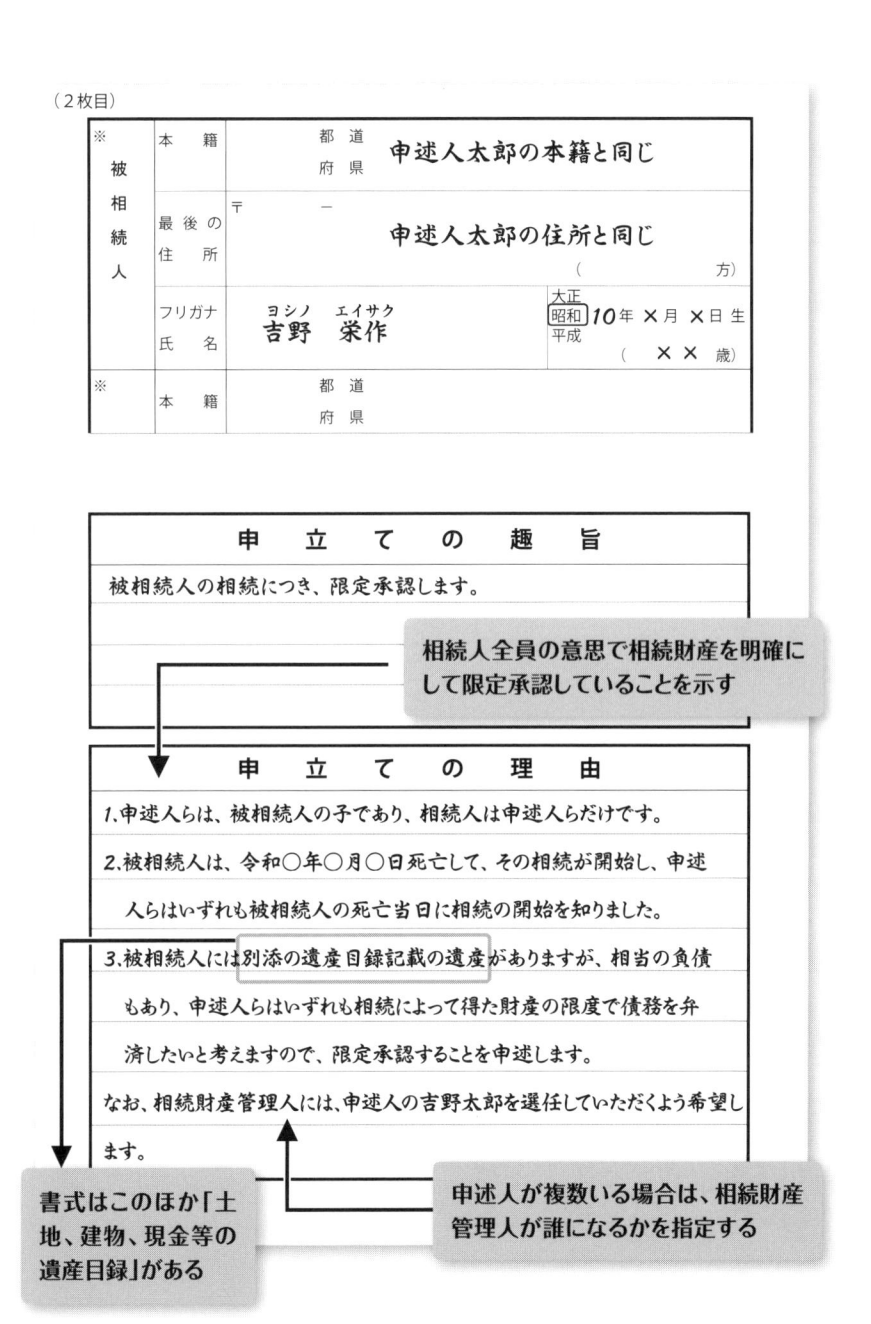

限定承認申述書の記載例

どこで
家庭裁判所

いつまでに
相続の開始日から3か月以内

（1枚目）

受付印	家事審判申立書　事件名（　相続の限定承認　）
収入印紙　円 予納郵便切手　円 予納収入印紙　円	（この欄に申立手数料として1件に……さい。） 印　紙 （貼った印紙に押印しないでください。） （注意）登記手数料としての収入印紙を納付する場合は，登記手数料としての収入印紙は貼らずにそのまま提出してください。

800円分の収入印紙を貼る

準口頭		関連事件番号　平成・令和　年（家　）第　号

○○　家庭裁判所　御中	申立人（又は法定代理人など）の記名押印	吉野太郎　㊞ 吉野次郎　㊞

申述人が複数いる場合は、申立人を二重線で消し（訂正印を押す）、申述人とする

		（戸籍の添付が必要とされていない申立ての場合は，記入する必要はありません。）
~~申立人~~（訂正印）申述人	本籍（国籍）	埼玉　都道府㊋　○○市○○町○丁目○番地
	住所	〒×××-××××　電話　03（××××）×××× 東京都文京区○○町○丁目○番地○号（　方）
	連絡先	〒　-　電話　（　） （注：住所で確実に連絡ができるときは記入しないでください。）（　方）
	フリガナ 氏名	吉野《ヨシノ》　太郎《タロウ》　大正・㊐昭和・平成　40年×月×日生（59歳）
	職業	会社員
※ 申述人	本籍（国籍）	（戸籍の添付が必要とされていない申立ての場合は，記入する必要はありません。） 都道府県　申述人太郎の本籍と同じ
	住所	〒560-××××　電話　06（×××）×××× 大阪府豊中市○○町○丁目○番○号（　方）
	連絡先	〒　-　電話
	フリガナ 氏名	吉野《ヨシノ》　次郎《ジロウ》
	職業	会社員

裁判所から連絡が受けられるように、住所・電話番号などを正確に記入する

（注）　太枠の中だけ記入してください。
※の部分は，申立人，法定代理人，成年被後見人となるべき者，不在者，共同相続人，被相続人等の区別を記入してください。
別表第一（1/2）

（２枚目）

申　述　の　趣　旨
相続の放棄をする。

申　述　の　理　由	
※　相続の開始を知った日…………令和　6 年　7 月　1 日 ① 被相続人死亡の当日　　3　先順位者の相続放棄を知った日 2　死亡の通知をうけた日　　4　その他（　　　）	
放棄の理由	相続財産の概略
※ 1　被相続人から生前に贈与を受けている 2　生活が安定している。 3　遺産が少ない。 4　遺産を分散させたくない。 ⑤ 債務超過のため。 6　その他（　　　）	資産　農地……約　　平方メートル　現金 預貯金………約　　万円 山林……約　　平方メートル　有価証券……約 150 万円 宅地……約　　平方メートル 建物……約 50 平方メートル 負債…………約 1,500 万円

（注）　太枠の中だけ記入してください。　※の部分は，当てはまる番号を○で囲み，申述の理由欄の４，放棄の理由欄の６を選んだ場合には，（　）内に具体的に記入してください。

複数の項目が該当する時は、それぞれをマルで囲む

「相続の開始を知った日」も複数あることに留意

上記1～5に該当しない場合は、ここに記入する

棄を知った日」ということも考えられます。相続人全員での対応が必要な限定承認の場合、実態としては「遺産分割協議が行われた日」という考え方もできます。

「いつ、相続が始まったことを知ったのか」については「相続人によって意見の分かれる場合もあり得る」という理解はしておきたいものです。

申述書の提出により相続放棄が認められれば、家庭裁判所から**相続放棄申述受理通知書**が送られてきます。申述書が受理されたことにより、相続放棄した相続人は、その相続に関しては初めから相続人にならなかったものとみなされます。

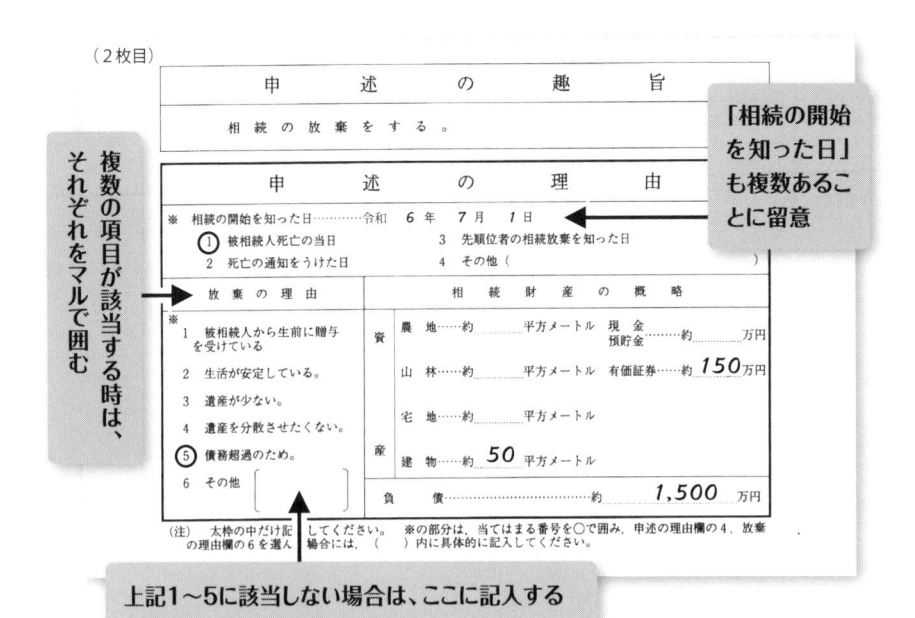

相続放棄申述書の記載例（相続人が成人の場合）

どこで
家庭裁判所

いつまでに
相続の開始日から3か月以内

（1枚目）

受付印	相　続　放　棄　申　述　書
収入印紙　　円	（この欄に収入印紙800円分を貼ってください。） 印紙 （貼った印紙に押印しないでください。）

800円分の収入印紙を貼る

号　平成・令和　年（家　）第　　　号

○○　家庭裁判所　御中 令和 6 年 9 月 10 日	申述人（未成年者などの場合は法定代理人）の記名押印	吉野一郎　㊞

添付書類	（同じ書類は1通で足ります。審理のために必要な場合は，追加書類の提出をお願いすることがあります。） ☑ 戸籍（除籍・改製原戸籍）謄本(全部事項証明書)　合計 2 通 ☑ 被相続人の住民票除票又は戸籍附票 □

添付する書類についてチェックを入れる

申述人	本籍（国籍）	東京 ㊞都 道府県 世田谷区○○○○			
	住所	〒560－××××　電話 090－××××－×××× 大阪府豊中市××××　（　　方）			
	フリガナ 氏名	ヨシノ イチロウ 吉野一郎	大正・(昭和)・平成 40年×月×日生（59歳）	職業	会社員
	被相続人との関係	※ 被相続人の……　1 子　2 孫　3 配偶者　4 直系尊属（父母・祖父母）　5 兄弟姉妹　6 おいめい　7 その他（　）			
法定代理人等	※ 1 親権者　2 後見人　3	住所	〒　－　電話		
		フリガナ 氏名		フリガナ 氏名	
被相続人	本籍（国籍）	東京 (都) 道府県 世田谷区○○○○			
	最後の住所	大阪府豊中市○○○○		死亡当時の職業	無職
	フリガナ 氏名	ヨシノ エイサク 吉野栄作		令和 6 年 7 月 1 日死亡	

平日の日中、連絡がとれるのが携帯電話ならば、その番号を記入する

(注)　太枠の中だけ記入してください。　※の部分は，当てはまる番号を○で囲み，被相続人との関係欄の7，法定代理人等欄の3を選んだ場合には，具体的に記入してください。

相続放棄（1/2）

相続放棄する人が未成年の場合など、代理人を立てて記入する

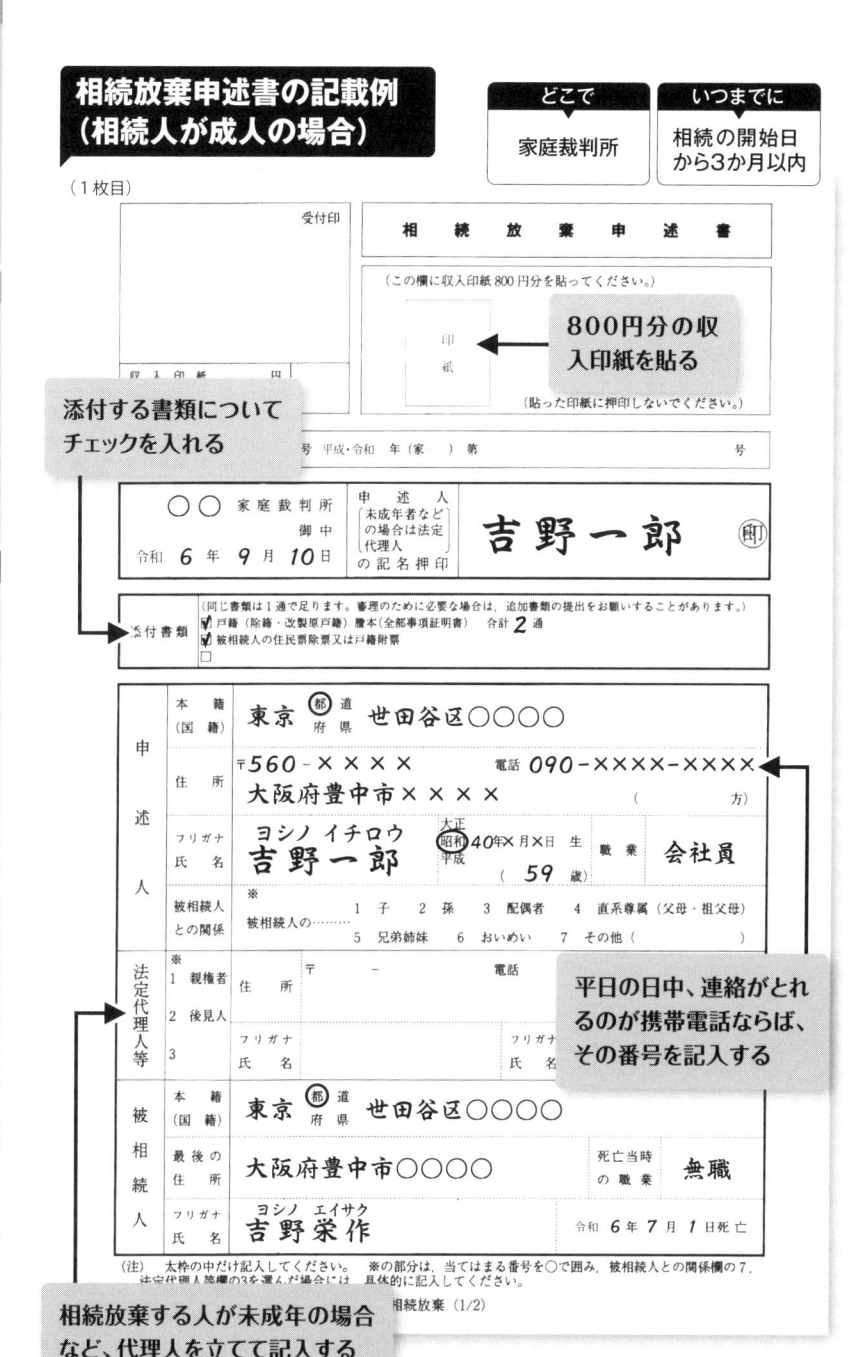

3-8

旧姓に戻したい！
復氏届の申請のしかた

配偶者が亡くなったあと、旧姓に戻って暮らしたいと考える人もいます。法的に婚姻前の姓に戻ることを復氏（ふくし・ふくうじ）といいます。

手続きは161ページに挙げた**復氏届**を生存配偶者の本籍地または住所地の市区町村役場に提出します。その際に、本人確認書類が必要な場合もあります。受理されれば、法的に故人の配偶者は婚姻前の姓に戻ります。

■子も同時に旧姓に戻るわけではない

生存配偶者は、復氏届によって婚姻前の姓に戻ることができます。ただし、配偶者との間に子がいる場合、その子の姓を生存配偶者の婚姻前の姓にするには別の手続きが必要です。

復氏届の記載例

どこで	いつまでに
市区町村役場	事由が生じた時

復　氏　届

令和 6年 9月10日届出

△△△　長殿

受理 令和　年　月　日 第　号	発送 令和　年　月　日
送付 令和　年　月　日 第　号	

書類調査	戸籍記載	記載調査	附　票	住民票	通　知

本届書中
字加入 字削除 字訂正

（よみかた）	たなべ　さとこ	
復氏する人の氏名	氏 田辺　名 里子	S50年 3月 27日生
住所	東京都墨田区○○○○ 丁目 番地 番 号	
（住民登録をしているところ）	世帯主の氏名 田辺 里子	
本籍	東京都墨田区○○○○ 丁目 番地 番	
	筆頭者の氏名 田辺 里子	
（よみかた）	やまなか	
復する氏 父母の氏名 父母との続き柄	氏 山中	父 一郎　母 花子　続き柄 長 □男 ☑女
復氏した後の本籍	☑もとの戸籍にもどる　□新しい戸籍をつくる	
	静岡県静岡市○○ 丁目 番地 番	筆頭者の氏名 山中一郎
死亡した配偶者	氏名 田辺 太郎	令和6年 7月 16日死亡
その他		
届出人署名押印	田辺里子	印

連絡先
電話（03）
XXXX－XXXX番
自宅・勤務先
呼出

結婚前の戸籍に戻ることが一般的だが、新しい戸籍をつくることも可能。実の両親がすでに他界していて旧姓に戻る場合は、新しい戸籍をつくることになる

※書式は市区町村によって異なる

子にとっては、生まれた時に姓が決まっていて、復氏という概念が存在しないからです。

配偶者との間にできた子の姓を生存配偶者の婚姻前の姓に戻すには、子の住所地を管轄する家庭裁判所に、子の姓の変更許可を書面で申し立てます。15歳未満の子の場合は子の法定代理人が申し立てますが、原則として子本人が申し立て、子とその親の戸籍謄本が必要となります。

申立てが受理されれば家庭裁判所から審判書が届き、その審判書を子の住む市区町村役場に提出します。同時に子が復氏した親の戸籍に入る場合には、入籍届を提出します。それが受理されれば、残った親の戸籍にその子が入る手続きは完了します。

復氏の手続きは、単に旧姓に戻し、旧姓の戸籍に戻すというものです。旧姓に戻ったとしても、配偶者の血族との関係、姻族関係は継続します。配偶者の父母や兄弟姉妹などの扶養義務がある場合には、その義務は継続して存在することにもなります。

その時、**故人とその親族との関係を絶ちたいという要望が生存配偶者にある場合は、別途、姻族関係終了届を提出**します。配偶者が亡くなった時、死別というかたちで自動的に配偶者との婚姻関係は解消されますが、姻族関係はそのままです。その関係を解消する場合は別の手続きが必要になるということです。

3-9 姻族関係終了届を申請する場合の留意点

前項のとおり、配偶者が亡くなった時、旧姓に戻すだけでなく、姻族関係を完全に解消したい場合は、165ページに挙げた**姻族関係終了届**を生存配偶者が住む市区町村役場に提出します。受理されると、姻族関係はすべて解消されます。「死後離婚」とも呼ばれています。

■姻族関係は解消しても、相続の権利・義務がなくなるわけではない

この姻族関係終了届にはいくつかの留意点があります。

①生存配偶者の自由意思によって行う

まず、復氏届と同様に、生存配偶者の自由な意思によって行うことができます。現実の場

面を想定すれば、生存配偶者が「法的に旧姓に戻したい、親族の関係をきれいに断ち切りたい」といえば、故人の親や親族から「何を考えているんだ！」といった声が上がることも想定できますが、周囲の人が賛成しているかどうかはまったく関係ありません。「ただ、そうしたい」と思えば実行できることなのです。

②相続の権利・義務がなくなるわけではない

一方、生存配偶者は常に相続人です。故人の財産を相続する権利（義務）は、姻族関係終了届の提出によってなくなるわけではありません。「財産を相続したくない」という場合は、前項の限定承認もしくは相続放棄の手続きを行わなければなりません。

③姻族関係終了の手続きと復氏の手続きはまったく別

姻族関係終了の手続きと復氏の手続きは別のものです。姻族関係終了の手続きを行っても、戸籍上は変わりません。正式に旧姓に戻りたい、結婚前の戸籍に戻りたい場合は、姻族関係終了届とは別に復氏届を提出します。これは、復氏届を提出しても、故人の血族との関係を絶ったことにはならないのと同じことです。

姻族関係終了届の記載例

どこで	いつまでに
市区町村役場	事由が生じた時

姻族関係終了届

令和 6 年 12 月 6 日届出

△△△ 長殿

受理 令和 年 月 日 第 号	発送 令和 年 月 日			
送付 令和 年 月 日 第 号				
書類調査	戸籍記載	記載調査		

本届書中
字加入 字削除 字訂正

（よみかた） 姻族関係を終了させる人の氏名	こばやし りょうこ 氏 小林 名 良子	S37 年 9 月 16 日生
住所 （住民登録をしているところ）	東京都江東区〇〇 丁目 番地 番 号	
	世帯主の氏名 小林 良子	
本籍	東京都江東区〇〇 丁目 番地 番	
	筆頭者の氏名 小林 良子	
死亡した配偶者	氏名 小林 太郎	令和6 年 8 月 19 日死亡
	本籍 東京都江東区〇〇 丁目 番地 番	
	筆頭者の氏名 小林 太郎	
その他		
届出人署名押印	小林 良子 印	

携帯電話の番号でもよい

連絡先
電話（090）
xxxx－xxxx番
自宅・勤務先
呼出

※書式は市区町村によって異なる

3-10 遺品整理は確実に残したいものを仕分け、形見分けは相手の負担を考慮

本章では、遺産の整理と相続に関して、主に法的に求められる手続き・届出についてまとめました。

ただ、実際のご家庭では、身近な人が亡くなった時、「故人の遺品はどこに、何があるかわからなくなって……」「いろいろな遺品がたくさんあって収拾がつかなくて……」と困っている人もいるでしょう。そこで、どうやって遺品整理をしたらよいか、形見分けの留意点をまとめておきます。

■確実に残したいもの以外は、処分の対象に

遺品は身近な人が亡くなった時から遺品になります。5年、10年、20年と時間が経過して

も遺品は遺品のままです。遺品のなかには財産として価値のあるものもあるかもしれませんが、遺族それぞれの思い入れの価値のみの財産としては価値の低い遺品もないわけではありません。遺品に対する考え方は、どこかで割り切らざるを得ない面もあるでしょう。

そこでまず、**相続財産としてカウントすべき遺品をピックアップ**します。たとえば、貴金属や高価な書画骨董などが該当します。それらは金額として財産評価し、遺族で分けていくべきものです。しかるべき遺産分割ができるまでは、丁寧にまとめて保管しておきましょう。財産評価できる類いの相続財産とはいえないけれど、大切に持っておきたいものもあるはずです。それは遺族で話し合って、いちばん大切にしたいと思っている人に分けるということでよいと考えます。

それら**確実に残したいもの以外は処分の対象**です。亡くなった直後は処分すべきかどうか迷う遺品もたくさんあるはずですが、最終的には処分することになるでしょう。その判断は正しい・間違っているという話ではなく、結局、気持ちの問題でもあります。

配偶者が愛用していた衣類を処分できなかった人が、自分の愛用している衣類と一緒なら処分できたということもあります。それが、その人にとっての気持ちの整理のつけ方だったのでしょう。

なお、故人が使っていた机やタンスなど、物理的に簡単には処分しにくいものもあります。そのような物品の処分にあたっては、**遺品整理の専門業者**に依頼する方法もあります。そうした業者は遺品整理の大事さ、考え方、対応のしかたについて、いろいろな事情・事例を知っています。そういった業者に相談しながら遺品整理をしていくという考え方もあります。

■形見分けは、相手の負担も考慮したい

遺品整理にあたっては、故人の親しい人に形見分けとして渡すケースもあるはずです。事前に遺族の間で話し合ってから渡すことが原則ですが、昨今の家族関係の時流を考えると、あまりお勧めできないところもあります。

形見分けされる本人が望むならばいいのですが、それほどは望んでいない場合、形見分けを断るに断れず、結局は処分に困っているといった例もよく見聞きします。

そのようなことを考えると、**形見分けは故人・遺族のごく親しい間柄にとどめておくほうが無難**ともいえます。

身近な人が亡くなった時は、しばらくは誰でも気持ちの整理がつきにくいもの。しかし、よほどのことがない限り、結局は時間が解決してくれます。経過する時間しか気持ちの整理を助けてくれるものはない、ということもできます。

遺品整理に悩んだら、相続財産としてカウントしがたい遺品（大事なものだけれど、評価額としては価値の低いもの、など）については、その時間の経過に委ね、しばらくしてから「どう整理するか」を考えてみるのもいいかもしれません。

第４章 相続税、所得税などの税金まわりの基礎知識

4-1

4か月以内に故人の所得税の確定申告を行う

身近な人が亡くなった時、税金関係でまず行うのが、故人に所得がある場合の確定申告です。**身近な人の亡くなった日から4か月のうちに行うこの確定申告は、準確定申告**と呼ばれています。

■自営業や不動産収入のあった故人が対象

準確定申告を行う必要のある人は、生前に、

・事業を営んでいた人
・不動産収入があったり不動産の売却益があったりした人
・年収2000万円以上の給与収入があった人

・生命保険や損害保険の一時金や満期金のあった人

など確定申告の必要がある人の相続人です。故人は、生前の最後の確定申告以後は申告を済ませていないので、それを相続人が代わって申告するわけです。１７４・１７５ページに挙げた**準確定申告書**とともに、相続人が複数人いる場合は１７６ページに挙げた**付表**を添付し、連署で申告します。必要な書類は故人の源泉徴収票などです。

なお、申告する所得は、故人が最後に申告した年分の翌年1月から亡くなった日までの期間です。もし故人の亡くなった日が前年分の申告期間の場合などであれば、前年分の申告をしていないと考えられます。その場合は、その年分もあわせて準確定申告をします。

なお、故人が年金生活者であり、年金が４００万円以下で年金以外の所得が20万円以下の場合、その相続人は準確定申告を行う必要はありません。

本章で解説する税金関係の手続きは税額計算が複雑な面があるため、税理士にいっさいを依頼し、代行してもらうこともお勧めです。手続きが面倒だからと、準確定申告をはじめ相続税の納付や申告を行っていないと、延滞税を課されることもあり、さらに納税申告を無視していると、加算税といった大きなペナルティを受けてしまうこともあります。

なお、自営業者の場合は消費税の準確定申告も必要です。

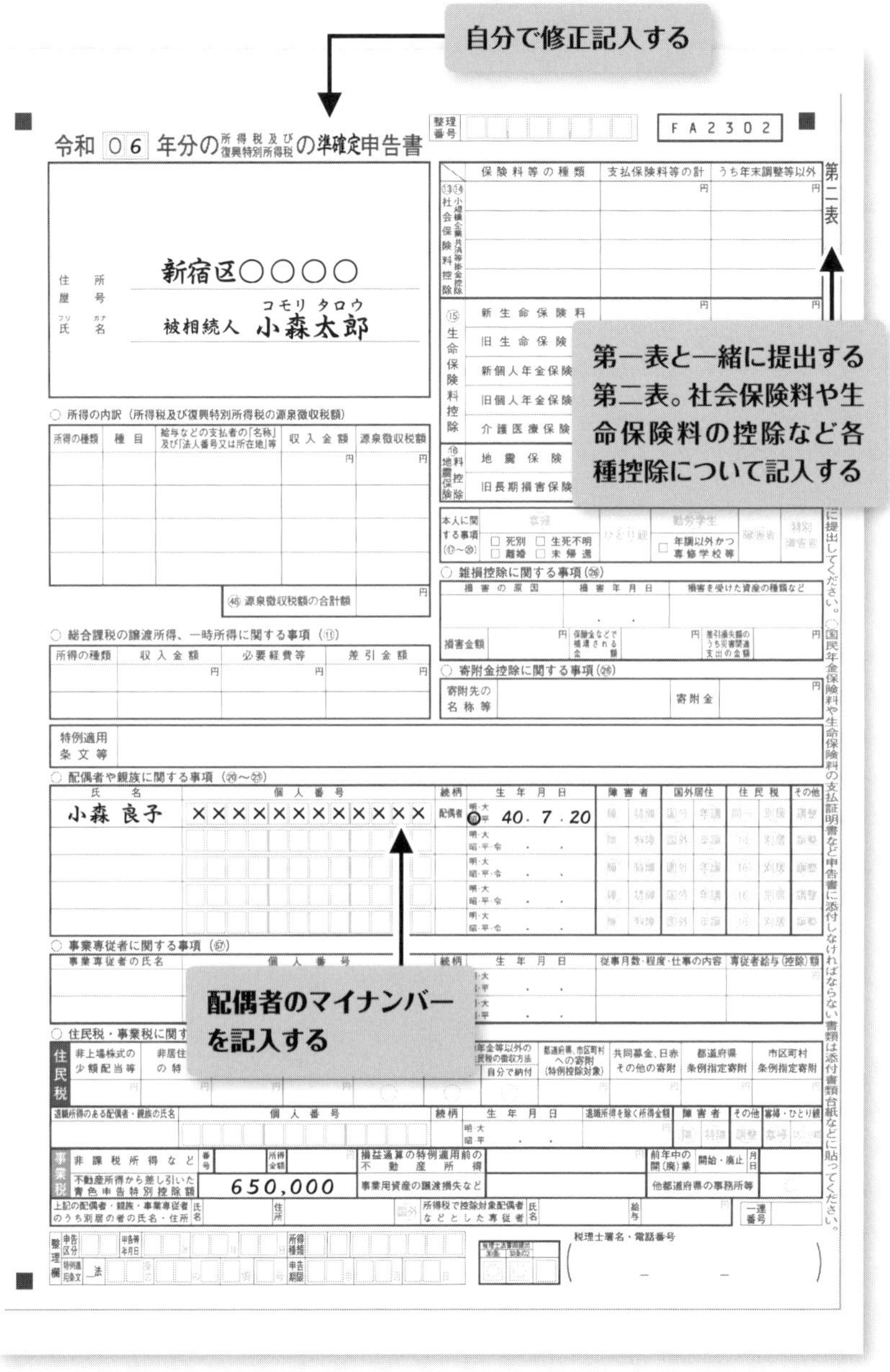
自分で修正記入する
令和 06 年分の所得税及び復興特別所得税の準確定申告書
FA2302
第二表
住所 屋号 氏名
新宿区○○○○
コモリ タロウ
被相続人 小森太郎
第一表と一緒に提出する第二表。社会保険料や生命保険料の控除など各種控除について記入する
○ 所得の内訳（所得税及び復興特別所得税の源泉徴収税額）
○ 総合課税の譲渡所得、一時所得に関する事項
○ 雑損控除に関する事項
○ 寄附金控除に関する事項
○ 配偶者や親族に関する事項
小森 良子
××××××××××××
配偶者 昭 40.7.20
配偶者のマイナンバーを記入する
○ 事業専従者に関する事項
○ 住民税・事業税に関する事項
650,000
税理士署名・電話番号

（第二表）

準確定申告書の記載例

どこで	いつまでに
税務署	死亡して4か月以内

○○ 税務署長
令和 6 年 1 月20日
令和 06 年分の所得税及び復興特別所得税の準確定申告書
FA2202

納税地	〒160 ××××
個人番号（マイナンバー）	××××××××××××
生年月日	3 35 08 01
現在の住所又は居所事業所等	新宿区○○○○
フリガナ	コモリ タロウ
氏名	被相続人 小森太郎
職業	不動産貸付業
世帯主の氏名	小森太郎
世帯主との続柄	本人
電話番号	自宅 03－××××－××××

（単位は円）

収入金額等	事業 営業等	㋐	
	事業 農業	㋑	
	不動産	㋒	3030000
	配当	㋓	
所得金額等	利子	④	
	配当	⑤	
	給与	⑥	
	雑 公的年金等	⑦	
	雑 業務	⑧	
	雑 その他	⑨	
	⑦から⑨までの計	⑩	
	総合譲渡・一時 ㋘+{(⑬+㋚)×½}	⑪	
	合計（①から⑥までの計+⑩+⑪）	⑫	1202470
所得から差し引かれる金額	社会保険料控除	⑬	
	小規模企業共済等掛金控除	⑭	
	生命保険料控除	⑮	33000
	地震保険料控除	⑯	2000
	寡婦、ひとり親控除	⑰～⑱	0000
	勤労学生、障害者控除	⑲～⑳	0000
	配偶者（特別）控除	㉑～㉒	380000
	扶養控除	㉓	0000
	基礎控除	㉔	380000
	⑬から㉔までの計	㉕	
	雑損控除	㉖	
	医療費控除	㉗	
	寄附金控除	㉘	
	合計（㉕+㉖+㉗+㉘）	㉙	795000

税金の計算	課税される所得金額（⑫－㉙）又は第三表	㉚	407000
	上の㉚に対する税額又は第三表の㊱	㉛	20350
	配当控除	㉜	
	区分	㉝	
	特定増改築等住宅借入金等特別控除	㉞	00
	政党等寄附金等特別控除	㉟～㊲	
	住宅耐震改修特別控除等	㊳～㊵	
	差引所得税額	㊶	20350
	災害減免額	㊷	
	再差引所得税額（基準所得税額）（㊶－㊷）	㊸	20350
	復興特別所得税額（㊸×2.1%）	㊹	427
	所得税及び復興特別所得税の額（㊸+㊹）	㊺	20777
	外国税額控除等	㊻～㊼	
	源泉徴収税額	㊽	
	申告納税額（㊺－㊻－㊼－㊽）	㊾	20700
	予定納税額（第1期分・第2期分）	㊿	
	第3期分の税額（㊾－㊿） 納める税金	51	20700
	第3期分の税額 還付される税金	52	
修正申告	修正前の第3期分の税額（還付の場合は頭に△を記載）	53	
	第3期分の税額の増加額	54	00
その他	公的年金等以外の合計所得金額	55	
	配偶者の合計所得金額	56	550000
	専従者給与（控除）額の合計額	57	
	青色申告特別控除額	58	
	雑所得・一時所得等の源泉徴収税額の合計額	59	
	未納付の源泉徴収税額	60	
	本年分で差し引く繰越損失額	61	
	平均課税対象金額	62	
	変動・臨時所得金額	63	
延納の届出	申告期限までに納付する金額	64	00
	延納届出額	65	

還付される税金の受取場所：郵便局名等／口座番号記号番号
公金受取口座登録の同意
整理欄

（第一表）

自分で「準」と記入する

通常の確定申告書の記載と同様に記入する。該当する収入金額を記入し、収入から算出される所得を記入する。その所得から差し引ける金額を差し引くと、課される所得税が算出できる

㊹・㊺・㊾・51又は52の記入をお忘れなく。

不動産賃貸業として、55万円の青色申告特別控除を受けている

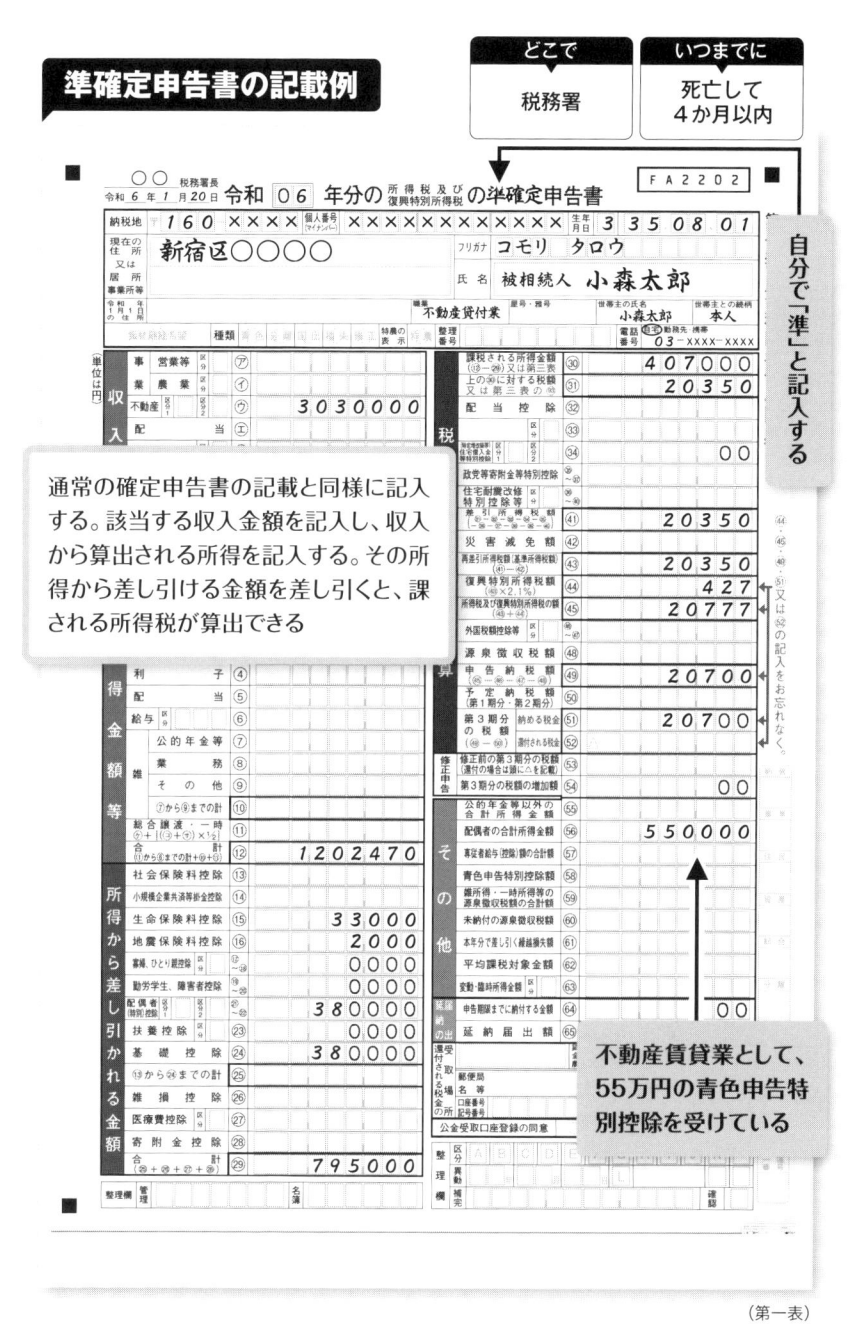

準確定申告書の付表の記載例

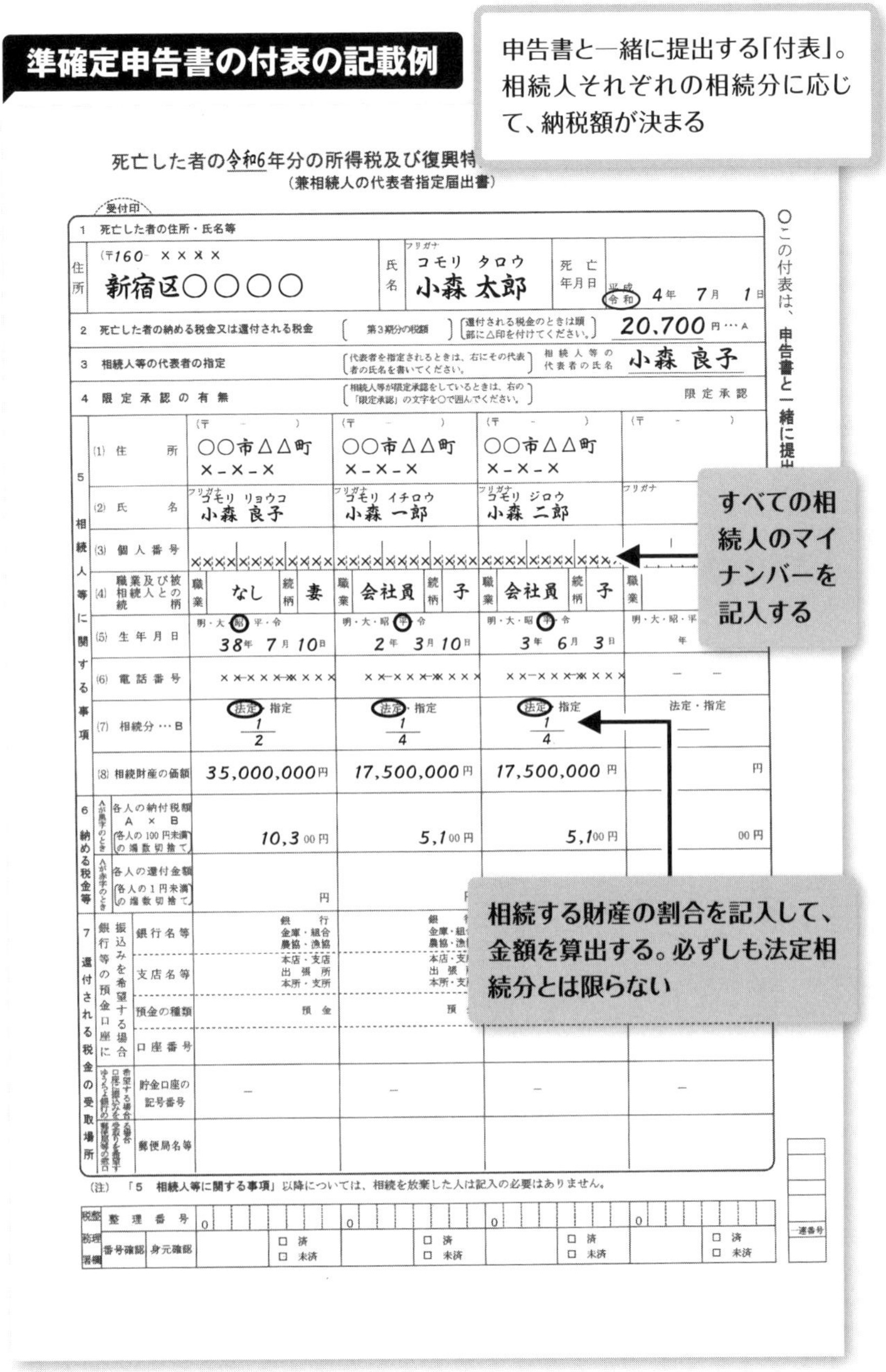

申告書と一緒に提出する「付表」。相続人それぞれの相続分に応じて、納税額が決まる

死亡した者の令和6年分の所得税及び復興特
（兼相続人の代表者指定届出書）

受付印

○この付表は、申告書と一緒に提出

1 死亡した者の住所・氏名等

住所	(〒160- ××××) 新宿区○○○○	氏名	フリガナ コモリ タロウ 小森 太郎	死亡年月日	平成・令和 4年 7月 1日

2 死亡した者の納める税金又は還付される税金　〔第3期分の税額〕〔還付される税金のときは頭部に△印を付けてください。〕 20,700円…A

3 相続人等の代表者の指定　〔代表者を指定されるときは、右にその代表者の氏名を書いてください。〕 相続人等の代表者の氏名 小森 良子

4 限定承認の有無　〔相続人等が限定承認をしているときは、右の「限定承認」の文字を○で囲んでください。〕 限定承認

5 相続人等に関する事項

(1) 住所	(〒 -) ○○市△△町 ×-×-×	(〒 -) ○○市△△町 ×-×-×	(〒 -) ○○市△△町 ×-×-×	(〒 -)
(2) 氏名	フリガナ コモリ リョウコ 小森 良子	フリガナ コモリ イチロウ 小森 一郎	フリガナ コモリ ジロウ 小森 二郎	フリガナ
(3) 個人番号	××××××××××××	××××××××××××	××××××××××××	
(4) 職業及び被相続人との続柄	職業 なし 続柄 妻	職業 会社員 続柄 子	職業 会社員 続柄 子	職業
(5) 生年月日	明・大・昭・平・令 38年 7月 10日	明・大・昭・平・令 2年 3月 10日	明・大・昭・平・令 3年 6月 3日	明・大・昭・平 年
(6) 電話番号	××-××××-××××	××-××××-××××	××-××××-××××	- -
(7) 相続分…B	法定・指定 1/2	法定・指定 1/4	法定・指定 1/4	法定・指定
(8) 相続財産の価額	35,000,000円	17,500,000円	17,500,000円	円

6 納める税金等

Aが黒字のとき 各人の納付税額 A×B（各人の100円未満の端数切捨て）	10,300円	5,100円	5,100円	00円
Aが赤字のとき 各人の還付金額（各人の1円未満の端数切捨て）	円			

7 還付される税金の受取場所

銀行等の預金口座に振込みを希望する場合 銀行名等	銀行 金庫・組合 農協・漁協	銀行 金庫・組合 農協・漁協		
支店名等	本店・支店 出張所 本所・支所	本店・支店 出張所 本所・支所		
預金の種類	預金	預金		
口座番号				
ゆうちょ銀行の貯金口座に振込みを希望する場合 貯金口座の記号番号	-	-	-	-
郵便局等の窓口受取りを希望する場合 郵便局名等				

（注）「5 相続人等に関する事項」以降については、相続を放棄した人は記入の必要はありません。

税務署整理欄	整理番号	0	0	0	0
番号確認	身元確認	□済 □未済	□済 □未済	□済 □未済	□済 □未済

一連番号

所得税青色申告決算書の記載例

不動産賃貸業で所得があったことを申告する

FA3200

令和 06 年分所得税青色申告決算書（不動産所得用）

この青色申告決算書は機械で読み取りますので、黒ボールペンで書いてください。

住所	新宿区〇〇〇〇	フリガナ 氏名	被相続人 小森《コモリ》 太郎《タロウ》 ㊞	依頼税理士等	事務所所在地
					氏名（名称）
職業	不動産賃貸業	電話番号	03-XXXX-XXXX		電話番号

整理番号

令和 6 年 7 月 1 日

損益計算書（自 11 月 01 日 至 03 月 01 日）

提出用（令和二年分以降用）

科目			金額（円）	科目		金額（円）
収入金額	賃貸料	①	2030000	必要経費	⑬	
	礼金・権利金 更新料	②	1000000		⑭	
		③			⑮	
	計	④	3030000		⑯	
必要経費	租税公課	⑤	700123	その他の経費	⑰	10653
	損害保険料	⑥	33400	計	⑱	1277530
	修繕費	⑦		差引金額（④－⑱）	⑲	1752470
	減価償却費	⑧	533352	専従者給与	⑳	
	借入金利子	⑨		青色申告特別控除前の所得金額（⑲－⑳）	㉑	1752470
	地代家賃	⑩		青色申告特別控除額	㉒	550000
	給料賃金	⑪		所得金額（㉑－㉒）	㉓	1202470
		⑫		土地等を取得するために要した負債の利子の額		

※下の欄には、書かないでください。

青色申告特別控除については、「決算の手引き」の「青色申告特別控除」の項を読んでください。

㉓欄が赤字の人で必要経費に算入した金額のうちに土地等を取得するために要した負債の利子の額がある人は、その負債の利子の額を書いてください。

－1－

故人が不動産賃貸業を行って青色申告していた場合は、青色申告決算書も添付する

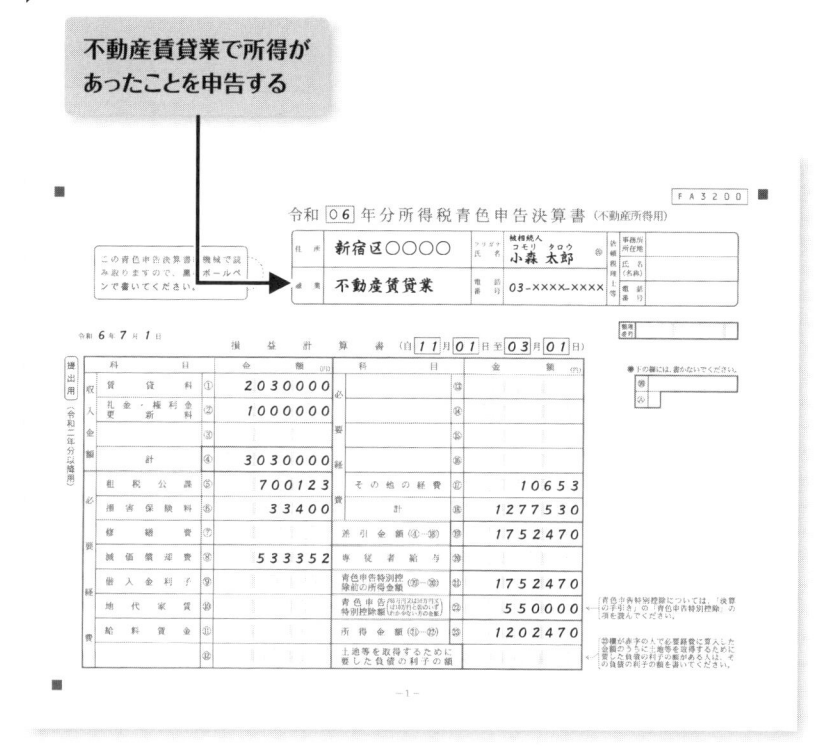

4-2
10か月以内に相続税の申告・納付を！

身近な人が亡くなった時の相続に関連して、最も手間取るのが、相続税額の計算と申告書の作成です。相続税の申告・納付までの流れをわかりやすく示すと、次のとおりです。

①相続財産が全体でいくらになるかを評価・計算する
②その額で相続税がかかるかどうかを確認する
③遺産分割協議書、遺言書などによって決まった遺産を分けていく
④各相続人が相続を受けた額に応じて、各相続人の納税額を確定させる
⑤各相続人が申告・納税する

相続税の申告・納付期限は亡くなってから10か月以内。原則、金銭で納付します。亡くなった人のうち相続税の対象となる財産を保有していた故人（被相続人）は、2022年の全国平均で約9・6％、10人に1人の割合です。2015年の大幅な改正により急増し、決

して小さな数字とはいえません。

ただし、相続税額の計算がもともと複雑なこととあいまって、実際には①～⑤に関して、相続税に詳しい税理士に協力してもらうことも多いでしょう。

ちなみに、相続税の申告・納付にあたっては、申告書はもちろんのこと、180・181ページのような**計算書**や**明細書**を作成しなければなりません。相続税額の計算や納税額の確定を含めた全体像を知るうえでは、確認しておくことも大切です。これらの計算は複雑であり、手間がかかるため、税理士に協力を仰いでも数か月以上かかるケースが多く、また、申告もれなどが発生するケースも少なくありません。

■納税には〝連帯納付義務〟がある

ここで、相続税の納付における留意点をいくつか挙げておきましょう。

まず、相続税の納付は、故人の財産を相続した人が行います。ただし、複数の相続人がいる場合、税金を金銭で納めることができる人がいる一方で、簡単には納めることができないという相続人もいます。

	第8の6表の付表1	個人の事業用資産についての相続税の納税猶予及び免除の適用を受ける特定事業用資産の明細書
	第8の6表の付表2	個人の事業用資産についての相続税の納税猶予及び免除の適用を受ける特例受贈事業用資産の明細書（一般用）
	第8の6表の付表2の2	個人の事業用資産についての相続税の納税猶予及び免除の適用を受ける特例受贈事業用資産の明細書（株式等用）
	第8の6表の付表3	個人の事業用資産についての相続税の納税猶予及び免除の適用に係る宅地等及び建物の明細書
	第8の6表の付表4	個人の事業用資産についての相続税の納税猶予及び免除の適用に係る特定債務額の計算明細書
	第8の7表	納税猶予税額等の調整計算書
	第8の8表	税額控除額及び納税猶予税額の内訳書
	第8の8表控用	税額控除額及び納税猶予税額の内訳書控用
○	第9表	生命保険金などの明細書
○	第10表	退職手当金などの明細書
○	第11表	相続税がかかる財産の合計表（相続時精算課税適用財産を除きます。）
○	第11表の付表1	相続税がかかる財産の明細書（土地・家屋等用）
○	第11表の付表2	相続税がかかる財産の明細書（有価証券用）
○	第11表の付表3	相続税がかかる財産の明細書（現金・預貯金等用）
○	第11表の付表4	相続税がかかる財産の明細書（事業（農業）用財産・家庭用財産・その他の財産用）
	第11の2表	相続時精算課税適用財産の明細書・相続時精算課税分の贈与税額控除額の計算書
○	第11・11の2表の付表1	小規模宅地等についての課税価格の計算明細書
	第11・11の2表の付表1（続）	小規模宅地等についての課税価格の計算明細書（続）
○	第11・11の2表の付表1控用	小規模宅地等についての課税価格の計算明細書控用
	第11・11の2表の付表1（続）控用	小規模宅地等についての課税価格の計算明細書（続）控用
	第11・11の2表の付表1（別表1）	小規模宅地等についての課税価格の計算明細書（別表1）
	第11・11の2表の付表1（別表1の2）	小規模宅地等についての課税価格の計算明細書（別表1の2）
	第11・11の2表の付表1（別表2）	特定事業用宅地等についての事業規模の判定明細
	第11・11の2表の付表2	小規模宅地等の特例、特定計画山林の特例又は個人の事業用資産の納税猶予の適用にあたっての同意及び特定計画山林についての課税価格の計算明細書
	第11・11の2表の付表2の2	特定事業用資産等についての課税価格の計算明細書
	第11・11の2表の付表3	特定受贈同族会社株式等である選択特定事業用資産についての課税価格の計算明細
	第11・11の2表の付表3の2	特定受贈同族会社株式等について会社分割等があった場合の特例の対象となる価額等の計算明細
	第11・11の2表の付表4	特定森林経営計画対象山林又は特定受贈森林経営計画対象山林である選択特定計画山林についての課税価格の計算明細
	第11の3表	個人の事業用資産の贈与者が死亡した場合の相続税の課税の特例の適用に係る特例受贈事業用資産の明細書
	第12表	農地等についての納税猶予の適用を受ける特例農地等の明細書
○	第13表	債務及び葬式費用の明細書
○	第14表	純資産価額に加算される暦年課税分の贈与財産価額及び特定贈与財産価額・出資持分の定めのない法人などに遺贈した財産・特定の公益法人などに寄附した相続財産・特定公益信託のために支出した相続財産の明細書
○	第15表	相続財産の種類別価額表
○	第15表（続）	相続財産の種類別価額表（続）
○	第15表控用	相続財産の種類別価額表控用
○	第15表（続）控用	相続財産の種類別価額表（続）控用

※○印は一般用。相続時精算課税適用者または相続税の納税猶予等の特例の適用を受ける人がいない場合の書式

相続税の申告書・計算書・明細書などの一覧

○	第1表	相続税の申告書
○	第1表(続)	相続税の申告書(続)
○	第1表控用	相続税の申告書控用
○	第1表(続)控用	相続税の申告書(続)控用
	第1表の付表1	納税義務等の承継に係る明細書(兼相続人の代表者指定届出書)
	第1表の付表2	還付される税額の受取場所
	第1表の付表3	受益者等が存しない信託等に係る相続税額の計算明細書
	第1表の付表4	人格のない社団等又は持分の定めのない法人に課される相続税額の計算明細書
	第1表の付表5	特定一般社団法人等に課される相続税額の計算明細書
	第1表の付表5(別表1)	特定一般社団法人等に課される相続税額の計算明細書(別表1)
	第1表の付表5(別表2)	特定一般社団法人等に課される相続税額の計算明細書(別表2)
○	第2表	相続税の総額の計算書
	第3表	財産を取得した人のうちに農業相続人がいる場合の各人の算出税額の計算書
○	第4表	相続税額の加算金額の計算書
	第4表の付表	相続税額の加算金額の計算書付表
○	第4表の2	暦年課税分の贈与税額控除額の計算書
○	第5表	配偶者の税額軽減額の計算書
	第5表の付表	配偶者の税額軽減額の計算書(付表)
○	第6表	未成年者控除額・障害者控除額の計算書
○	第7表	相次相続控除額の計算書
○	第8表	外国税額控除額・農地等納税猶予税額の計算書
	第8の2表	株式等納税猶予税額の計算書(一般措置用)
	第8の2表の付表1	非上場株式等についての相続税の納税猶予及び免除の適用を受ける対象非上場株式等の明細書(一般措置用)
	第8の2表の付表2	非上場株式等についての相続税の納税猶予及び免除の適用を受ける対象非上場株式等の明細書
	第8の2表の付表3	非上場株式等についての相続税の納税猶予及び免除の適用を受ける対象相続非上場株式等の明細書(一般措置用)
	第8の2表の付表4	非上場株式等についての相続税の納税猶予及び免除の適用に係る会社が災害等により被害を受けた場合の明細書(一般措置用)
	第8の2の2表	特例株式等納税猶予税額の計算書(特例措置用)
	第8の2の2表の付表1	"非上場株式等についての相続税の納税猶予及び免除の特例の適用を受ける特例対象非上場株式等の明細書(特例措置用)"
	第8の2の2表の付表2	非上場株式等についての相続税の納税猶予及び免除の特例の適用を受ける特例対象相続非上場株式等の明細書(特例措置用)
	第8の2の2表の付表3	非上場株式等についての相続税の納税猶予及び免除の特例の適用に係る会社が災害等により被害を受けた場合の明細書(特例措置用)
	第8の3表	山林納税猶予税額の計算書
	第8の3表の付表	山林についての納税猶予の適用を受ける特例山林及び特例施業対象山林の明細書
	第8の4表	医療法人持分納税猶予税額・税額控除額の計算書
	第8の4表の付表	医療法人の持分の明細書・基金拠出型医療法人へ基金を拠出した場合の医療法人持分税額控除額の計算明細書
	第8の5表	美術品納税猶予税額の計算書
	第8の5表の付表	特定の美術品についての納税猶予の適用を受ける特定美術品の明細書
	第8の6表	事業用資産納税猶予税額の計算書

相続税の納付については、連帯して納める義務があるので、自分だけは納税したから大丈夫というわけではなく、相続人全体で納税の責任を負うことになります。

10か月以内に納税できなければ、延滞税が加算されます。

どうしても納められない場合、後述するように延納や物納といった方法もあります。延納は年賦で納めていく方式です。一方の物納は、延納もむずかしい場合に「物」を納める制度です。

■確認・注意喚起のために「お尋ね」文書が送られてくる

また、相続税に関しては、税務署から「相続税についてのお知らせ」または「相続税の申告等についてのご案内」という文書が、相続人に対して送られてくるケースがあります。これらの文書は、市区町村役場の死亡届の情報が管轄の税務署に通知され、税務署としては、前者は相続税の申告義務の確認、後者は相続税の申告を失念することを防止するための注意喚起の趣旨で送付しているのでしょう。

いずれにせよこれらの文書は調査ではなく、確認・注意喚起のためですから、「税務調査がくる!?」などと心配することはありません。申告の要否について不安がある場合には、税務署から送付される**相続税の申告要否検討表**（184・185ページ参照）、または、国税庁ホームページの「相続税の申告要否判定コーナー」で確認してみるとよいでしょう。

ちなみに、相続税の申告をした人のうち実地調査や来署案内による面接などを受けた人の割合は、約1割となっています。他の税目の税務調査の現状から考えると、相続税の申告をした人のうち、かなり多くの人が税務調査を受けていると考えていいでしょう。

そして、そのうち約9割が申告の修正を求められています。その点、無申告を防止し、税全体の公正を期すためにも、「お尋ね」の文書を送り届け、注意喚起をしていると考えられます。

相続税制そのものが難解だという議論もありますが、相続税の申告・納付にあたっては、それほど納税側の誤認やうっかりミスが多いということも知っておきたいものです。

相続税がかかるかどうかを確認する帳票であり、申告書ではない。記入するにあたっては、税理士に相談することも大切

相続人が受け取った生命保険金の額について記入する。その他の財産で評価できるものがあれば、その額を「8」に記入する

7　相続人などが受け取られた生命（損害）保険金や死亡退職金について記入してください。

	保険会社等	金　額		支払会社等
生命保険金等	①△○生命保険	イ　2,000 万円	死亡退職金	①
	②	ロ　万円		②

（注）　生命（損害）保険金や死亡退職金は一定額が非課税となりますので、次により計算します。※赤字のときは…

生命保険金等：（イ＋ロの金額＿＿万円）－（Ⓐの人数＿＿人×500万円）＝ホ 500 万円

死亡退職金　：（ハ＋ニの金額＿＿万円）－（Ⓐの人数＿＿人×500万円）＝へ＿＿万円

ホ＋への金額　Ⓔ 500 万円

8　亡くなられた人の財産で、上記4から7以外の財産（家庭用財産、自動車、貸付金、書画・骨とうなど）について記入してください。

財産の種類	数量等	金　額	財産の種類	数量等	金　額
① 金地金	300g	200 万円	③		万円
②		万円		合計額	Ⓕ 200 万円

9　亡くなられた人から、相続時精算課税を適用した財産の贈与を受けた人がおられる場合に、その財産について記入してください。

贈与を受けた人の氏名	財産の種類	金　額	贈与を受けた人の氏名	財産の種類	金　額
① 大森幸子	現金	1,000 万円	③		万円
②		万円		合計額	Ⓖ 1,000 万円

10　亡くなられた人から、亡くなる前3年以内に、上記9以外の財産の贈与を受けた人がおられる場合に、その財産について記入してください。

贈与を受けた人の氏名	財産の種類	金　額	贈与を受けた人の氏名	財産の種類	金　額
① 大森昭子	現金	300 万円	③		万円
②		万円		合計額	Ⓗ 300 万円

11　亡くなられた人の借入金や未納となっている税金などの債務について記入してください。また、葬式費用について記入してください。

借入先など債権者の住所・所在と氏名・名称	金　額	借入先など債権者の住所・所在と氏名・名称	金　額
① △△銀行△△支店	500 万円	③　葬式費用の概算	200 万円
②	万円	合計額	Ⓘ 700 万円

借入金、未納の税金などの債務、また葬式費用について記入する

12　相続税の申告書の提出が必要かどうかについて検討します。（概算によるものですので、詳細については税務署にお尋ねください。）

Ⓑの金額	8,400 万円	（Ⓙ－Ⓘ）の金額 ※赤字のときはゼロ	Ⓚ 10,600 万円
Ⓒの金額	200 万円	（Ⓚ＋Ⓗ）の金額	Ⓛ 10,900 万円
Ⓓの金額	1,000 万円	基礎控除額の計算 3.000万円 ＋（Ⓐ 3 人 × 600万円）＝	Ⓜ 4,800 万円
Ⓔの金額	500 万円	（Ⓛ－Ⓜ）の金額	Ⓝ 6,100 万円
Ⓕの金額	200 万円	Ⓝの金額　《黒字である場合》相続税の申告が必要です。《赤字である場合》相続税の申告は不要です。	
Ⓖの金額	1,000 万円	※　あくまでも概算による結果ですので、Ⓛの金額とⓂの金額の差が小さい場合には、申告の要否について更に検討する必要があります。	
ⒷからⒼの合計額	Ⓙ 11,300 万円	※　国税庁ホームページ【www.nta.go.jp】には、相続税に関する具体的な計算方法や申告の手続などの詳しい情報を記載した「相続税の申告のしかた」を掲載しておりますのでご利用ください。	

令和 6 年 9 月 10 日

住所　東京都千代田区○○○○

氏名　大森花子　電話番号 03－XXXX－XXXX

作成税理士の氏名、事務所所在地、電話番号

（※）　相続税の申告が不要な場合には、この「相続税の申告要否検討表」を税務署に提出してください。

【注意】　この「相続税の申告要否検討表」は、相続税の申告書ではありません。

この額が黒字（プラスの金額）なら、相続税の申告が必要

相続税の申告要否検討表の記載例

どこで	いつまでに
税務署	申告が不要な場合に提出

相続税の申告要否検討表

1　亡くなられた人の住所、氏名（フリガナ）、生年月日、亡くなられた日を記入してください。

住所	東京都千代田区○○○○	氏名	（オオモリ　カズオ） 大森　一男	生年月日	昭和16年10月15日
				亡くなられた日	令和6年7月17日

2　亡くなられた人の職業及びお勤め先の名称を「亡くなる直前」と「それ以前（生前の主な職業）」に分けて具体的に記入してください。

亡くなる直前：無職　（お勤め先の名称：　　）
それ以前（生前の主な職業）：会社役員　（お勤め先の名称：○○産業）

3　相続人は何人いますか。相続人の氏名と亡くなられた人との続柄を記入してください。

（フリガナ）相続人の氏名	続柄	（フリガナ）相続人の氏名	続柄
①（オオモリ　ハナコ） 大森　花子	妻	④（　　）	
②（オオモリ　サチコ） 大森　幸子	長女	⑤（　　）	
③（オオモリ　アキコ） 大森　昭子	次女	相続人の数	Ⓐ　3　人

（注）相続を放棄された人がおられる場合には、その人も含めて記入してください。

4　亡くなられた人や先代の名義の不動産がありましたら、土地、建物を区分して（面積は概算でも結構です。）記入してください。

種類	所在地	イ 面積（㎡）	ロ 路線価等（注1、2）	ハ 倍率（注2）	ニ 評価額の概算（注3）
①土地	埼玉県さいたま市○○○	150	350,000		5,250万円
②土地	埼玉県さいたま市○○○	300	12,000,000	1.1	1,320万円
③家屋	東京都千代田区○○○○	80		1.0	1,830万円
④					万円
				合計額	Ⓑ　8,400万円

（注）1　ロ欄は、土地について路線価が定められている地域は路線価を記入し、路線価が定められていない地域は固定資産税評価額を記入してください。また、建物は固定資産税評価額を記入してください。
2　土地に係るロ欄の路線価又はハ欄の
す。なお、路線価図は千円単位で表示さ
3　ニ欄は、次により算出された金額を記
《ロ欄に路線価を記入した場合》ロの
《ロ欄に固定資産税評価額を記入した場合》ロの金額×ハの倍率（建物は1.0倍）

5　亡くなられた人の株式、公社債、投資信託等がありましたら記入してください（亡くなった日現在の状況について記入してください。）。

銘柄等	数量（株、口）	金額	銘柄等	数量（株、口）	金額
①○○産業	100	200万円	④		万円
②		万円	⑤		万円
③		万円		合計額	Ⓒ　200万円

6　亡くなられた人の預貯金・現金について記入してください（亡くなった日現在の状況について記入してください。）。

預入先（支店名を含む）	金額	預入先（支店名を含む）	金額
①△△銀行△△支店	1,000万円	④	万円
②	万円	（現金）	万円
③		合計額	Ⓓ　1,000万円

相続人となる人の氏名と続柄を記入する

故人の不動産の内容を記入する

株式のほか、投資信託などについて記入する

預貯金と現金についても記入する

4-3 税額計算のために必要な評価額の考え方

相続税額を計算するにあたって大切なことは、すべての財産を金額に置き換えるということです。

現預金はお金そのものなのでわかりやすいのですが、貴金属、株式、権利、土地、建物などの財産となると、相続した時点での金額はわかりにくいもの。相続税法では、相続により取得した財産の価額は、その財産の取得時における時価に、その財産から控除すべき債務の金額は、その時の現況によると規定しています。具体的には、財産評価基本通達に沿って、一定の決まりのもとにいくらになるかを評価します。

■財産の種類によって評価方法が異なる

その評価の方法について、主なものをピックアップしておきましょう。

①現金・預貯金

原則として、相続開始日現在の相続人に帰属する現金および預貯金残高が相続税評価額となります。

ただし、定期預金は利息がある程度の額になっていても、通帳には明記されていないこともあります。その利息（既経過利子）を加算して、源泉所得税相当額を控除した額を財産の額とします。

②貴金属・宝石

貴金属や宝石について、財産評価基本通達には「いくらで評価する」と定められてはいません。そのような場合、原則的には時価で評価します。

ただし、いつの、どのような時価かという疑問もあります。その点、貴金属は買取り価格を評価額とすればよいでしょう。

宝石についてはもともとの販売店がどこか、ブランド品かどうかでも評価が変わります。

ですから、売買の実例価格を調べるとともに、宝石鑑定の専門家（宝石鑑定士）に評価してもらう方法もあります。

③自動車

自動車も貴金属や宝石と同様に、評価のしかたは財産評価基本通達には明示されていません。そこで、同車種で同じ程度の使用状況の中古車の買取り価格を調べて参考にします。もちろん、買取り価格を業者に査定してもらう方法もあります。

④土地・建物

土地については、原則として国税庁が毎年公表する路線価を基準に評価（路線価方式）しますが、路線価の定められていない地域では、固定資産税評価額に一定の倍率を掛けて計算する方式（倍率方式）によって算出します。

建物については原則的に固定資産税評価額で評価します。持家であれば、固定資産税評価額そのもの、貸家であれば固定資産税評価額×０・７で計算します。

なお、「居住用の区分所有財産」、いわゆる分譲マンションについては２０２４年1月1日以後に、相続、遺贈または贈与した分から評価方法が変わっています。従来のマンション1室の評価方法で算出した「建物部分（区分所有権）」と「敷地部分（敷地利用権）」の価額に「区分所有補正率」を乗じて評価額を計算します。

⑤死亡保険金・死亡退職金

死亡保険金はもちろんのこと、被相続人の死亡によって被相続人に支給されるべきであった退職金を受け取った場合も、一定の非課税限度額の計算をして相続財産に含めます。死亡保険金・死亡退職金については、受け取った額から非課税枠の額を差し引いた額を相続財産に加算します。

なお、非課税枠は、500万円×法定相続人（相続放棄した人も含む）の数で計算します。

⑥株式

評価方法は、上場株式と非上場株式で異なります。

上場株式については、次の四つの価格のなかで最も低い価格を評価額とします。

・相続開始日の最終価格

・相続開始日の属する月の最終価格の平均額
・相続開始日の属する月の前の月の最終価格の平均額
・相続開始日の属する月の前々月の最終価格の平均額

非上場株式については、故人がその非上場会社の株主であり、経営に対して影響力がある存在だったかどうかで、評価方法が異なります。「経営に対して影響力がある存在」だったかどうかとは、非上場の会社を経営し、多くの株式を所有していた社長や会長と考えていいでしょう。

経営に影響力がなかった場合、1株あたりの年間の配当金額を基準に評価計算する配当還元方式で算出します。一方、故人が経営に影響力のある存在であった場合、その会社規模で評価の方式が分かれます。

会社規模が大きい場合は同業他社の平均株価を基準に、その会社の配当・利益・純資産価額などを比較して算出する**類似業種比準方式**で算出し、小規模の会社の場合はその会社の資産や負債をもとにした**純資産価額方式**で算出します（類似業種比準方式で算出できる場合は、その方法も使えます）。中規模の会社の場合は、**類似業種比準方式と純資産価額方式の併用方式**で算出します。

非上場会社の株式の評価は、主に中小企業の事業承継の際に重要なテーマになります。承継する株主はもちろん、関係者にとってもどのような承継の方法が適切かはさまざまな意見があるでしょう（192ページ参照）。

そのようなことも踏まえると、中小企業の事業承継に詳しい税理士に相談して対応していくことも考えましょう。

⑦ゴルフ会員権

ゴルフ会員権は、取引相場のある会員権と取引相場のない会員権で評価の方法が異なります。取引相場がある会員権は取引価格の70％が評価額となります。

取引相場のない会員権については、そのゴルフ場の株式を所有する場合は、財産評価基本通達の定めにしたがって評価した時期における株式の価額に相当する金額となります。

株式の所有を必要としないなど、ゴルフ場施設を利用して、単にプレーができるだけの会員権については評価しません。

なお、取引相場のない会員権でも、相続した人が利用するためには、その会員権を扱っている会社に名義変更をしておくことが必要です。

⑥株式

- 上場株式は、
  ①相続開始日の最終価格
  ②相続開始日の属する月の最終価格の平均額
  ③相続開始日の属する月の前の月の最終価格の平均額
  ④相続開始日の属する月の前々月の最終価格の平均額
  の４つの価格のなかで最も低い価額
- 非上場株式についてはその非上場会社の経営に影響力がなかった場合、１株あたりの年間の配当金額を基準に評価計算する配当還元方式
- 経営に影響力のある存在の場合、会社規模で判断
  ①会社規模が大きい場合は、同業他社の平均株価を基準に、その会社の配当・利益・純資産価額などを比較して算出する類似業種比準方式で算出
  ②小規模の会社の場合はその会社の資産や負債をもとにした純資産価額方式のほか、類似業種比準方式も使える
  ③中規模の会社の場合は類似業種比準方式と純資産価額方式の併用方式で算出

⑦ゴルフ会員権

- 取引相場がある会員権は取引価格の70%
- 取引相場のない会員権は、そのゴルフ場の株式の所有を必要とする場合は、財産評価基本通達の定めにより評価した時期における株式の価額に相当する金額

主な財産の評価方法一覧表

①現金・預貯金

- 現金は相続開始日現在の被相続人に帰属する現金
- 預貯金は相続開始日現在の被相続人に帰属する預貯金残高
- 定期預金は利息（既経過利子）を加算し、源泉所得税相当額を控除した額

②貴金属・宝石

- 時価で評価
- 貴金属は買取り価格
- 売買の実例価格
- 宝石鑑定の専門家（宝石鑑定士）に評価してもらう方法も

③自 動 車

- 同車種で同じ程度の使用状況の中古車の買取り価格

④土地・建物

- 土地については、原則として、国税庁が毎年公表する路線価を基準に評価する路線価方式か、路線価が定められていない地域では固定資産税評価額に倍率を掛けて計算する倍率方式
- 建物については原則として固定資産税評価額
- 持家であれば固定資産税評価額、貸家であれば固定資産税評価額×0.7

⑤保険金・死亡退職金

- 受け取った額から非課税限度額（500万円×法定相続人の数、相続放棄した人も含む）を差し引いた額

4-4 相続財産の評価と税額計算の基礎

相続財産の額を確定できたら、相続税額の計算に進みます。現実に相続税がかかりそうだと思ったら、相続税に詳しい税理士に相続財産の評価から税額計算、申告書の作成などを代行してもらうケースが多いでしょう。

そのような場合であっても、税額の計算について基本的な流れを理解しておくのは大切なことです。そのポイントを紹介します。

■課税の対象となる財産とは？

相続税の対象となる財産は金銭に見積もることができる経済的価値のあるすべてのものですが、税額の計算にあたっては課税の対象とはならない非課税財産があり、また債務、葬儀費用などを差し引けることを覚えておきましょう。

相続財産には、被相続人が生前に所有し、亡くなったことで相続財産となる本来の相続財産（現金、預貯金、株式、不動産、自動車など）と、亡くなったことによって発生し、相続財産と同様に相続人に経済的な利益をもたらす、**みなし相続財産**（死亡保険金、死亡退職金など）というものがあります。

また、**被相続人が亡くなる前の7年間（2030年12月31日まで順次延長され2031年から7年間、2024年以前に贈与される財産については3年間）に贈与していた財産も相続財産に含まれます**。それらの財産の合計から**非課税財産**を差し引きます。

非課税財産には、墓地・墓石をはじめ供養のために使用する財産（祭祀財産）、公益事業のために用意していた寄付金や補助金といった財産（公益目的事業財産や特定寄附金）などがあります。また、債務および葬式費用の額を遺産総額から差し引きます。

■基礎控除額を差し引き、各相続人の相続税額を求めていく

課税対象となる遺産の総額を計算するには、どんなケースでも差し引くことのできる**基**

法定相続人の数別の基礎控除額

法定相続人の数	基礎控除額
1人	3,600万円
2人	4,200万円
3人	4,800万円
4人	5,400万円
5人	6,000万円
6人	6,600万円
7人	7,200万円
8人	7,800万円
9人	8,400万円
10人	9,000万円

礎控除額を差し引きます。その金額は3000万円+(600万円×法定相続人の数)で算出します。実際には課税財産の額から基礎控除額を差し引くとマイナスになることも多いはずです。その場合は、相続税はかかりません。

課税価格の合計額から基礎控除額を差し引くと課税遺産の総額がわかり、相続人それぞれに法定相続分で財産を分割したと仮定した相続税額が決まります。

なお、それぞれの相続人の納税額は、相続人それぞれに法定相続分で財産を分割したと仮定した相続税額の合計額を、実際に相続した割合で割り振り求めます。その際には、割り振って算出した各相続人の納税額から、配偶者の税額軽減や未成年者控除、障害者控除など一定の控除が受けられるケースもあります。

■各相続人が受けられるさまざまな控除

それぞれの相続人には、その立場や状況に応じた控除があります。代表的な控除は次の6項目です。

①配偶者の税額軽減

被相続人の配偶者は常に相続人で、その配偶者に適用される控除です。1億6000万円と配偶者の法定相続分相当額のどちらか多い金額まで。ただし、配偶者の税額軽減を受けるには、遺産分割を相続税の申告期限内に行っていることが前提となります。

そのため、配偶者の税額軽減を活用して相続税を納めなくてもよい場合でも、申告は行う必要があることに注意しましょう。

②未成年者控除

18歳未満の相続人は、18歳になるまでの年数×10万円で算出した額が相続税額から控除されます。18歳未満の相続人は実質的に他の相続人に扶養される立場でもあります。そのため、相続分よりも控除額が大きい場合は、控除額の余った分をその未成年者の扶養義務者の相続税額から差し引きます。

③障害者控除

相続人が85歳未満の障害者の場合、85歳になるまでの年数×10万円（精神・身体に著しく重度の障害があり、日常生活において常時特別の介護を必要とする特別障害者の場合は同年数×20万円）が控除されます。控除し切れない部分の金額は、その障害者の扶養義務者の相続税額から差し引きます。

④外国税額控除

被相続人が海外に所有していた財産を日本の相続人が相続する際に認められる控除です。財産のある国で納めた相続税額相当分を、日本の相続税額から控除できます。

いわゆる日本と外国での二重課税を防ぐための制度です。

⑤相次相続控除

祖父母から父母、父母から子へと相続財産を受け継ぎ、受け継いだ相続人が10年以内に亡くなった場合、前の相続で納めていた相続税額の一定額が次の相続人の相続税額から控除されます。この控除を相次相続控除といいます。

⑥贈与税額控除

被相続人から亡くなる前の7年間に受けた贈与において、贈与税を納めていた場合に、その贈与税額は相続税額から控除されます。相続税と贈与税の二重課税を避けるための制度です。

なお、これらの制度の一方で、相続税額に加算される制度もあります。通常、**相続税額の2割加算**と呼ばれているものです。配偶者や子、親以外の人が財産を相続した場合に、その人の相続税額の計算において2割を加算するというものです。

法定相続分に応ずる財産の取得金額別に見た相続税の速算表

法定相続分に応ずる取得金額	税 率	控除額
1,000万円以下	10％	－
3,000万円以下	15％	50万円
5,000万円以下	20％	200万円
1億円以下	30％	700万円
2億円以下	40％	1,700万円
3億円以下	45％	2,700万円
6億円以下	50％	4,200万円
6億円超	55％	7,200万円

■税額負担を軽減する措置もある

また、税額を控除する制度ではありませんが、税額の負担を軽減する措置があります。その代表例が、**小規模宅地等の特例**と呼ばれる制度です。

たとえば、相続した人が配偶者や同居していた子の場合には、敷地面積330平方メートルまでの部分は80％減額した価額で計算できます。

この小規模宅地等の特例の限度面積と減額割合は、201ページの表のようになっています。

小規模宅地等の特例の限度面積と減額割合

相続開始の直前における 宅地等の利用区分	限度面積 （㎡）	減額される 割合（%）
①被相続人等の居住の用に供されていた宅地等 （特定居住用宅地等）	330	80
②貸付事業以外の事業用の宅地等 （特定事業用宅地等）	400	80
③一定の法人に貸し付けられ、その法人の事業（貸付事業を除く）用の宅地等 （特定同族会社事業用宅地等）	400	80
④貸付事業用の宅地等 （貸付事業用宅地等）	200	50

4-5

利用しやすい相続税軽減策「生前贈与」の課税方法

被相続人が生前に財産を身近な人に与えることは、一般に生前贈与と呼ばれています。その生前贈与には相続時精算課税と暦年課税という二つの課税方法があります。それらのしくみを知ってうまく活用すれば、相続税の軽減につながるケースもあります。

■相続時精算課税は値上がりしそうな財産の贈与でメリットを発揮

相続時精算課税は、60歳以上の人が18歳以上の子や孫へ財産を贈与する際に選択できる課税方式です。贈与額が2500万円まで課税されない特別控除額が設定され、この額を超過した贈与額については一律で20％が課税されます。また、贈与者である父母または祖父母が亡くなった時の相続税の計算上、相続財産の価額に累積贈与額（毎年110万円までの基礎

相続時精算課税選択届出書の記載例

どこで
税務署

いつまでに
適用を受ける最初の贈与税の申告時

相続時精算課税選択届出書（様式）

（平成28年分以降用）

税務署受付印

相続時精算課税選択届出書

令和 6 年 3 月 1 日

△△ 税務署長

受贈者	住所又は居所	〒150-XXXX 電話（ 03 - XXXX - XXXX） 東京都渋谷区〇〇〇〇	
	フリガナ	イノウエ　サブロウ	
	氏名（生年月日）	井上　三郎　㊞ （大・㊐昭・平 50 年 6 月 12 日）	
	特定贈与者との続柄	子	

私は、下記の特定贈与者から平成＿＿年中に贈与を受けた財産については、相続税法第21条の9第1項の規定の適用を受けることとしましたので、下記の書類を……

「特定贈与者」とは、相続時精算課税が適用された贈与者のこと

記

1　特定贈与者に関する事項

住所又は居所	東京都渋谷区〇〇〇〇
フリガナ	イノウエ　ジロウ
氏名	井上　二郎
生年月日	明・大・㊐昭・平　22 年 10 月 21 日

2　年の途中で特定贈与者の推定相続人又は孫となった場合

推定相続人又は孫となった理由	
推定相続人又は孫となった年月日	平成　年　月　日

（注）孫が年の途中で特定贈与者の推定相続人となった場合で、推定相続人となった時前の特定贈与者からの贈与について相続時精算課税の適用を受けるときには、記入は要しません。

3　添付書類

次の（1）～（4）の全ての書類が必要となります。
なお、いずれの添付書類も、贈与を受けた日以後に作成されたものを提出してください。
（書類の添付がなされているか確認の上、□に✓印を記入してください。）

（1）☑　**受贈者や特定贈与者の戸籍の謄本又は抄本**その他の書類で、次の内容を証する書類
①　受贈者の氏名、生年月日
②　受贈者が特定贈与者の推定相続人又は孫であること

（2）☑　**受贈者の戸籍の附票の写し**その他の書類で……証する書類（受贈者の平成15年1月1日以……せん。）
（注）受贈者が平成7年1月3日以後に生まれ……

（3）☑　**特定贈与者の住民票の写し**その他の書類……
（注）1　添付書類として特定贈与者の住民票の……載されていないものを添付してください。
2　（1）の書類として特定贈与者の戸籍……要しません。

（4）☑　**特定贈与者の戸籍の附票の写し**その他の……又は居所を証する書類（特定贈与者の平成1……差し支えありません。）
（注）1　租税特別措置法第70条の3（（特定の贈……算課税の特例））の適用を受ける場合には……となります。
2　（3）の書類として特定贈与者の住民……時以後（租税特別措置法第70条の3の適用……特定贈与者の住所に変更がないときは、……

必要な添付書類は、
•受贈者と特定贈与者の戸籍謄本
•受贈者の戸籍の附票
(住所履歴に関する記録)の写し
•特定贈与者の住民票の写し
•特定贈与者の戸籍の附票の写し
それぞれの書類を用意し、確認のうえ
(1)～(4)にチェックを入れる

（注）この届出書の提出により、特定贈与者からの贈与については、特定贈与者に相続が開始するまで相続時精算課税の適用が継続されるとともに、その贈与を受ける財産の価額は、相続税の課税価格に加算されます（**この届出書による相続時精算課税の選択は撤回することができません。**）。

作成税理士	㊞	電話番号	

※	税務署整理欄	届出番号	－	名簿		確認	

※欄には記入しないでください。　（資5－42－A4統一）

○「相続時精算課税選択届出書」は、必要な添付書類とともに申告書第一表及び第二表と一緒に提出し……

控除を除きます。後述）を加算して相続税額を計算します。

２０３ページに挙げる**相続時精算課税選択届出書**を税務署に提出しますが、留意したいのは、いったんこの課税方式が適用されると、後述する暦年課税に変更できなくなることです。生前贈与をしながら「やはり暦年課税のほうがトクかな」と思っても通用しません。

メリットを受けられそうな人は、まず相続時に相続税が発生しない（相続財産が特別控除額の２５００万円に収まる）と想定される人です。その場合は、早期に大きな額の財産を贈与税の負担なく子や孫に移すことができます。また、収益物件を贈与した場合には、贈与したあとの収益は贈与を受けた人のものとなり、贈与した人の財産の増加を防ぐことができます。そのため相続税対策になるケースがあります。そのほか、値上がりする可能性が高い財産を早めに贈与しておくと、値上がり分の相続税の負担を軽減できるでしょう。

一方、デメリットもあります。一つは、相続時精算課税制度を利用して土地を贈与した場合には、前述した小規模宅地等の特例が適用できなくなることです。そのほか、相続によって不動産を取得した場合には、登録免許税が０・４％で済みますが、生前贈与の場合には、登録免許税が２・０％、さらに不動産取得税も発生するため、コストが増加することです。

相続時精算課税制度は選択したら撤回できないので、税理士など専門家によく相談してから決めるとよいでしょう。なお２０２４年１月から相続時精算課税制度においても「**年間１１０万円まで**」の基礎控除が設けられています。

■２種類の税率に分かれる暦年課税

生前贈与で相続時精算課税の適用を受けない場合は、一般の贈与税の課税方式によることになります。これを**暦年課税**と呼びます。暦年課税では、兄弟間、夫婦間、親から子への贈与で子が未成年の場合に適用される一般税率（ともに基礎控除額は１１０万円）と、祖父母、父母といった直系尊属から18歳以上の子、孫への贈与に適用される特例税率とがあり、基礎控除額の特例税率は一般税率と比べ税率構造が緩和されています。

生前贈与を行うにあたり、亡くなるまで毎年１１０万円の贈与を続ければ、相当の額を贈与できるという考え方があります。たとえば、毎年１１０万円を10年間贈与すれば計１１００万円の贈与を無税でできることになります。ただし、税務署の調査によって贈与の意思や贈与財産の管理状況などから1回で行う１１００万円の贈与を10回に分けて行ったと判断された場合は、修正を求められるケースがあるので注意を要します。

贈与税の暦年課税の速算表

≪一般贈与財産用（一般税率）≫

基礎控除後の課税価格	税 率	控除額
200万円以下	10％	－
300万円以下	15％	10万円
400万円以下	20％	25万円
600万円以下	30％	65万円
1,000万円以下	40％	125万円
1,500万円以下	45％	175万円
3,000万円以下	50％	250万円
3,000万円超	55％	400万円

≪特例贈与財産用（特例税率）≫

基礎控除後の課税価格	税 率	控除額
200万円以下	10％	－
400万円以下	15％	10万円
600万円以下	20％	30万円
1,000万円以下	30％	90万円
1,500万円以下	40％	190万円
3,000万円以下	45％	265万円
4,500万円以下	50％	415万円
4,500万円超	55％	640万円

4-6 相続財産別の確認・保管・処分の方法

では、実際に、どのように相続財産を確認し、遺産分割まで保管しておけばいいのかを、相続財産別に見ていきましょう。

■現預金の確認と保管のしかた

相続財産のうち、預貯金は最も分けやすい財産ということもあって、かつては誤解を招きかねない対応もありました。たとえば、被相続人が亡くなったことがわかると、すぐさま一人の相続人が銀行に出向いて、すぐに故人の口座から引き出せるだけのお金を引き出しておくといった対応です。

それをあとで別の相続人が確認して、トラブルのもととなることも見受けられました。

そのようなトラブル、行き違いを避けるため、故人の預貯金はきちんと銀行側の手続きを踏まえて引き出します。前述のとおり、各銀行とも、故人の凍結された口座からお金を引き出す場合は、銀行所定の届出用紙のほかに、故人の出生から死亡までの戸籍謄本、相続人全員の戸籍謄本、印鑑証明書などが必要です。銀行によっては遺言書や遺産分割協議書の提出を求められることもあります。

そして、遺産分割のために、相続人の代表が新しい口座をつくり、その口座に故人の預貯金をまとめておくといった方法をとるのもよいでしょう。

■上場株式は評価明細書をつくる

預貯金とともに、株式も重要な相続財産です。預貯金の口座名義人が亡くなったことが確認されると、口座が凍結されますが、同様に証券口座も、口座名義人が亡くなったことが証券会社によって確認されると、売買ができないことになります。

上場会社の株式を持っている場合、まず、故人が取引していた証券会社に問い合わせてみましょう。そして、同じ証券会社の口座を相続人が持っていれば、株式の名義の書き換えを

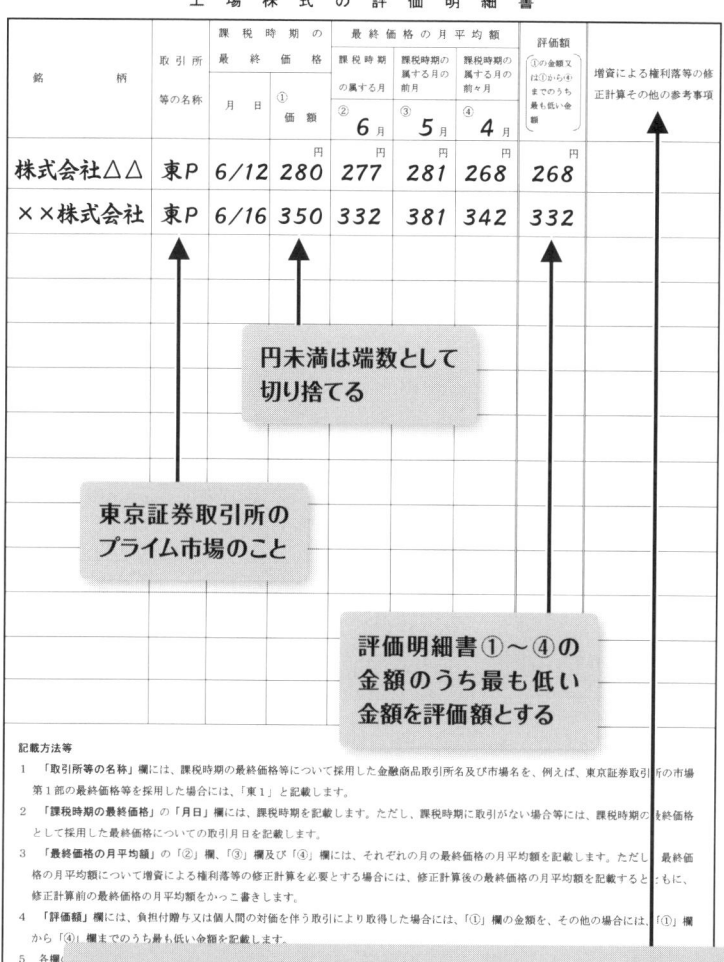

上場株式の評価明細書の記載例

どこで
税務署

いつまでに
相続税の申告時まで

上場株式の評価明細書

銘柄	取引所等の名称	課税時期の最終価格 月日	課税時期の最終価格 ① 価額	最終価格の月平均額 課税時期の属する月 ② 6月	最終価格の月平均額 課税時期の属する月の前月 ③ 5月	最終価格の月平均額 課税時期の属する月の前々月 ④ 4月	評価額（①の金額又は①から④までのうち最も低い金額）	増資による権利落等の修正計算その他の参考事項
株式会社△△	東P	6/12	280円	277円	281円	268円	268円	
××株式会社	東P	6/16	350	332	381	342	332	

円未満は端数として切り捨てる

東京証券取引所のプライム市場のこと

評価明細書①～④の金額のうち最も低い金額を評価額とする

記載方法等

1 「取引所等の名称」欄には、課税時期の最終価格等について採用した金融商品取引所名及び市場名を、例えば、東京証券取引所の市場第１部の最終価格等を採用した場合には、「東１」と記載します。

2 「課税時期の最終価格」の「月日」欄には、課税時期を記載します。ただし、課税時期に取引がない場合等には、課税時期の最終価格として採用した最終価格についての取引月日を記載します。

3 「最終価格の月平均額」の「②」欄、「③」欄及び「④」欄には、それぞれの月の最終価格の月平均額を記載します。ただし、最終価格の月平均額について増資による権利落等の修正計算を必要とする場合には、修正計算後の最終価格の月平均額を記載するとともに、修正計算前の最終価格の月平均額をかっこ書きします。

4 「評価額」欄には、負担付贈与又は個人間の対価を伴う取引により取得した場合には、「①」欄の金額を、その他の場合には、「①」欄から「④」欄までのうち最も低い金額を記載します。

5 各欄

増資によって権利落ち等（取得する権利が行使できない状態）の修正計算を必要とする場合、そのことを記入する。なお、左の「最終価格の月平均額」については、修正計算後の金額を記入するとともに、修正前の金額をカッコ書きする

行うことになります。

同じ証券会社の口座を相続人が持っていない場合は、新たに相続人の口座をつくってその口座に故人の株式を移すか、解約するかを決めて手続きします。解約した場合は、取引実績に応じた金額が相続人の指定する銀行口座に振り込まれます。

なお、いずれの手続きも、故人の出生から死亡までの戸籍謄本、相続人全員の戸籍謄本、印鑑証明書などが必要で、遺言書や遺産分割協議書の提出を求められることもあります。

通常は年に2回以上、株式の動向などを示した報告書が送られてきます。その報告書をもとに、**上場株式の評価明細書**（２０９ページ）を記入します。そこに挙げた評価額から相続財産の額を確定させていきます。

■非上場株式の場合はそれぞれの会社に確認する

非上場株式を相続した相続人は、取扱証券会社も証券口座もないわけですから、その非上場株式を発行した会社に問い合わせます。対応はそれぞれの会社によります。

非上場会社の株式では、経営に対する影響力が相続人にない場合、その会社がその株式を買い取るケースがあります。その場合は株式の譲渡所得が発生します。また、買い取らず、会社では減資の手続きを行うこともあるでしょう。

ただ、非上場株式の場合、現実的には、株式を発行せず、しかもその株の所有者が経営に関与しているケースが多いもの。そのような場合、株式の扱いは事業承継のなかで処理されていくことになります。

株式とともに経営を引き継ぐのであれば、192ページに示した評価方法をもとに評価額を算定し、その額を承継することになります。

■事業承継税制で、納税がむずかしい時の猶予の期限が延長

事業承継の面では、非上場会社の株式であっても長年、堅実な経営をしてきた会社では、承継する株式の総額が億単位の額になり、相続税が納められないという問題も発生します。自社株を引き継がないとなると、会社の解散ということもあり得ます。

その点、小規模会社や個人企業に対して、相続税の納付を猶予および免除できる制度が設けられています。

この制度の適用にあたっては、会社の要件、後任者（相続人等）の要件、先代経営者（被相続人）の要件を満たしているかの検討等を行う必要があり、相続人だけで「どうしようか？」と安易に考えず、事業承継税制に詳しい税理士に協力を仰ぐことをお勧めします。

令和6年度税制改正では事業承継税制にかかる**特例承認計画の提出期限が2年間延長され、2026年3月31日まで**となりました。

■自動車などの動産を処分する場合は名義変更してから

自動車も相続財産としてカウントします。前述のとおり評価の方法は同車種・同年式の中古車の買取り価格となりますが、結局は処分するか名義変更するかになるでしょう。

被相続人が亡くなり、その自動車を処分しようとする場合、相続人の共有財産となりますので、相続人が一人の場合を除いて勝手に処分はできません。誰の名義とするかを話し合い、その人の名義に書き換えたうえで処分します。名義変更については、遺産分割協議書に示しておくとよいでしょう。

自動車は動産の一つですから、共同相続人の間で必要に応じて使用しやすい財産といえま

自動車の相続のための遺産分割協議成立申立書の記載例

どこで	いつまでに
運輸支局や自動車検査登録事務所	実際に相続する時

遺産分割協議成立申立書

評価額が100万円以下の場合の申請書類。100万円を超える場合は、別の方法で申請することになる

自動車の表示

登録番号	車台番号
××××	××××××

被相続人

氏名	死亡年月日
山内 次郎	令和6年 7月 20日

遺産分割協議成立年月日	申立書による申請の同意年月日
令和6年 8月 31日	令和6年 9月 30日

被相続人の死亡により、被相続人所有の上記自動車について民法の規定に基づき遺産分割協議を行ったところ、私が上記自動車を相続することに協議が成立したので申し立てます。

また、当該移転登録について、本申立書により申請する旨同意を得られたので今回の申請に及びました。

なお、本申し立てについて問題が発生した場合は、私が責任をもって処理し、貴職に一切ご迷惑をかけないことを誓約いたします。

近畿運輸局　　運輸支局長 殿

住所 東京都台東区○○○○

氏名 山内 五郎

自動車を相続する人が記入・申請する

添付書類

①相続する自動車の価格が100万円以下であることが確認できる査定協会発行の審査書又は、査定価格が確認できる資料の写し及び査定士の資格者証の写し。
（注：100万円を超える車両ではこの方法では申請出来ません。）
②被相続人の死亡が確認できる戸籍謄本又は、戸籍の全部事項証明書。
（注：相続人全員のものは必要有りません。）
③被相続人と申請人である相続人の関係が証明できる戸籍謄本又は、戸籍の全部事項証明書
④相続人の印鑑証明書。（発行日
⑤相続人の実印又は、実印を押

査定協会の審査書、故人の戸籍謄本、故人と自動車を相続する人の関係がわかる戸籍謄本、自動車を相続する人の実印と印鑑証明書などが必要

す。そのため処分せず、共有名義とすることもあります。

いずれにせよ、相続にともなって名義を書き換える時は、運輸支局や自動車検査登録事務所で手続きします。その際に、213ページに挙げた**遺産分割協議成立申立書**が必要です。

なお、この書類は評価額が100万円以下のいわば大衆車の場合の簡易的な手続きのためのものです。100万円を超える場合、別の手続きになります。添付書類としては、相続人全員が記載されている戸籍謄本や遺産分割協議書、印鑑証明書などが必要です。

自賠責保険については、相続人の要件に問題ないでしょうが、任意保険については、たとえば30歳未満の運転では付保しなかったものが付保する必要が出てきたなど、保証範囲・要件を変更する必要があるケースもあるでしょう。その場合は、契約している損保会社に連絡します。

■家や土地など不動産をチェック

建物や土地など不動産の相続財産については、評価額の算定において、税制上のさまざまな規定や特例がありますが、相続の手続きそのものは、名義変更登記をするだけです。

151ページに挙げていますが、あらためて必要な書類を列挙しておきます。

・登記申請書
・被相続人の出生から死亡までの戸籍謄本
・相続人全員の戸籍謄本
・その不動産を相続する人の住民票
・相続人による実印のある遺産分割協議書と印鑑証明書
・固定資産評価証明書

これらの書類を用意して、最寄りの登記所で名義変更手続きを行います。その手続きの流れのなかで2017年5月にスタートした法定相続情報証明制度（113ページ参照）を有効に活用できれば、手間が簡略化されます。

前記の書類のうち、登記申請書は153ページに挙げたとおりです。本来、書式は自由ですが、記載の不備やもれを防ぐため法務局のホームページから様式をダウンロードできます。

家や土地については相続財産に占める割合が大きいため、財産額の確定や遺産分割の段取りに目が行きがちで、変更登記はあと回しにされがちです。場合によっては、登記上はずっと被相続人の名義のままであることも見受けられます。そうなると、相続した人が亡くなった時に、そもそも、この家や土地は誰が所有しているものか、どう相続したらよいかなどがわからなくなるような事態にもなりかねません。

そのようなことを避けるため、早めに手続きをとっておきたいものです。

■生命保険の保険金は受取人が手続きを行うのが原則

生命保険の死亡保険金は、被相続人が亡くなったあとに、その保険金の受取人に支給されます。そのため、故人が生前から所有していた財産を相続財産とする考え方からすると、死亡保険金は相続財産といえませんが、相続税法上みなし相続財産として相続税の課税財産とされます。

被保険者が故人の場合、契約者や受取人が誰かによって、課税関係が次のように変わってきます。

①契約者（保険料負担者）が故人の場合

→保険金受取人が相続人であれば相続税の対象

②契約者（保険料負担者）が故人の家族の場合

→保険金受取人が契約者である場合は、所得税の対象。保険金受取人が契約者以外の人の場合は贈与税の対象

すなわち故人が契約者・被保険者であり、相続人が受取人である生命保険の死亡保険金については相続税の対象であり、法定相続人（相続を放棄した人を含む）一人あたり500万円の控除が設けられています。死亡保険金が3000万円、法定相続人が3人であった場合、3000万円－500万円×3＝1500万円が相続財産として課税対象になるわけです。

この死亡保険金の受取りの手続きは、原則として受取人が行います。代行する場合は委任状が必要で、代行者と受取人の関係を示す書類を求められるなど、手間がかかります。

保険証券などにより保険契約の有無を確認し、それぞれの保険会社に死亡保険金の請求をします。通常はその請求により、死亡保険請求書のほか必要な書類が明示されてきますので、それに応じた書類を整えて保険会社に提出します。必要な書類は、保険証券のほか、死亡診断書、故人の死亡記載のある戸籍謄本もしくは住民票、受取人の印鑑証明書などです。

なお、交通事故で亡くなった場合には、自動車安全運転センター発行の事故証明書が必要になるケースもあります。

4-7

相続税額がゼロでも申告が必要な特例措置は再確認

195ページに示したように、相続税には基礎控除額（3000万円＋600万円×法定相続人の数で算出）があります。相続財産の額（正味の遺産額）がこの基礎控除額以下の場合は相続税がかかりません。申告も不要というわけです。

ただし、後述する特例等を適用し相続課税がゼロになる場合は、「特例適用後の相続税はゼロです」という申告書を提出しておく必要があります。

■小規模宅地等の特例の適用や配偶者の税額軽減措置が対象

申告が必要な特例措置の一つは、200ページで紹介した小規模宅地等の特例の措置です。申告によって、土地の評価額を最大80％まで減額することができます。

もう一つは、197ページで紹介した配偶者の税額軽減の措置です。これは配偶者が取得した財産のうち1億6000万円または法定相続分相当額のどちらか多い金額までは配偶者に相続税がかからないという制度です。

相続の税務についてきちんと理解しておらず、「配偶者の相続分にはよほど多額でない限り相続税はかからない」と思い込んでいる人がいます。たしかに計算上はそうであっても、それは申告することが前提となっていることに留意しましょう。

なお、配偶者の税額軽減の措置についてもう少し詳しく説明すると、まず、この制度の対象となる財産には、隠ぺい、または仮装していた財産は含まれません。また、配偶者が遺産分割などで実際に取得した財産をもとに計算されることになっているので、相続税の申告期限までに遺産分割が終わっている財産が対象になります。

遺産分割が終わっていない場合は、220ページの**申告期限後3年以内の分割見込書**を添付したうえで、実際に3年以内に分割した時は、税額軽減の対象になります。

申告期限後3年以内の分割見込書の記載例

どこで	いつまでに
税務署	相続税の申告期限まで（死亡した日の翌日から10か月以内）

通信日付印の年月日	確認印		名簿番号
年　月　日			

被相続人の氏名　井上 太郎

申告期限後３年以内の分割見込書

相続税の申告書「第11表（相続税がかかる財産の明細書）」に記載されている財産のうち、まだ分割されていない財産については、申告書の提出期限後３年以内に分割する見込みです。

なお、分割されていない理由及び分割の見込みの詳細は、次のとおりです。

> 相続税の申告書とともに提出する。そのため実際には税理士のアドバイスのもとに記入・提出する

1　分割されていない理由

連絡のつかない相続人がいるため

2　分割の見込みの詳細

相続人の間で財産の分割の見込みは確定していませんが、確定次第すみやかに分割を行う予定です。

3　適用を受けようとする特例等

> 該当するものをマルで囲む

(1)（〇で囲む）配偶者に対する相続税額の軽減（相続税法第19条の２第１項）

(2)　小規模宅地等についての相続税の課税価格の計算の特例（租税特別措置法第69条の４第１項）

(3)　特定計画山林についての相続税の課税価格の計算の特例（租税特別措置法第69条の５第１項）

(4)　特定事業用資産についての相続税の課税価格の計算の特例（所得税法等の一部を改正する法律(平成21年法律第13号)による改正前の租税特別措置法第69条の５第１項）

（資４－21－Ａ４統一）　（平28.6）

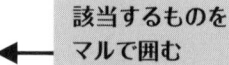

4-8 贈与税も踏まえた相続税軽減の基礎知識

相続税の対象となる財産は、被相続人の財産の総額から非課税財産の価額を差し引き、これに相続時精算課税の適用を受けた累積贈与額（毎年110万円までの基礎控除額を除きます）を加算し、その合計から、債務、および葬儀費用を差し引いて、相続開始前7年以内の贈与財産を加えたものになります。これを正味の遺産額ともいい、ここから基礎控除額を差し引くと課税対象となる財産（課税遺産総額）が算出できます。

この計算を前提に相続税を軽減しようと考えると、次のような方法があります。

■子より孫への贈与を重ねる

相続開始前7年以内に故人が贈与した財産は相続税の対象になります。一般的には**生前贈**

与加算のルールといった呼び方をします。

このルールが適用されるのは、相続人への生前贈与です。そのため、相続人ではない孫への贈与には適用されません。たとえば亡くなる直前に子に110万円を贈与すれば贈与税の対象にはなりませんが、相続税の対象にはなります。ところが、孫に同額を贈与すれば、贈与税の対象にも相続税の対象にもなりません。

相続税がかかりそうな財産を抱えている高齢者は、税金面の負担を考えるなら、孫に優先して財産を贈与していくという対応もあるのです。

ただし、遺言書にたとえば「孫にも○○万円を渡す」などと書くと、孫は相続人として扱われ、生前贈与加算のルールが適用されます。生命保険金も同様で、受取人を孫にしていると、生前贈与加算のルールが適用されるのです。

なお、代襲相続人でない孫が受取人となっている死亡保険金には、500万円の非課税枠は適用されず、受取額がそのまま課税対象の財産額になります。

■住宅資金、教育資金や結婚・子育て資金贈与の特例を有効活用する

たくさんの預貯金や〝タンス預金〟を残して亡くなるくらいなら、子や孫にお金を移したほうが経済の発展に貢献するという考えもあります。住宅取得等資金、教育資金や結婚・子育て資金贈与の特例は、その意向を反映させた制度ということもできます。

①住宅取得等資金の贈与の特例

まず住宅取得等資金の贈与に関する特例を見ていきましょう。

２０２２年１月１日から２０２６年12月31日までの間に、父母や祖父母からの贈与により、自宅を新築したり購入・増改築したりした時、一定の要件を満たせば、非課税限度額までの金額については贈与税が非課税となる制度です。

非課税限度額については建物の種類によって異なり、上表を参照してください。

住宅取得等資金の贈与の非課税限度額

住宅の種類	
省エネ等住宅	左記以外の住宅
1,000万円	500万円

②教育資金の一括贈与の特例

教育資金の一括贈与の特例は、子や孫の教育資金については1500万円までは非課税とする制度です。手続きについては、まず、信託銀行などの金融機関と教育資金管理契約を結び、その契約にもとづいて金融機関等に1500万円までのお金を預け、そこから子や孫が教育に関わるお金を引き出します。

なお、契約にあたっては226ページに挙げた**教育資金非課税申告書**の提出が必要ですし、教育資金に充当したことを示す領収書の金融機関等への提出も求められます。

もともと子や孫への教育資金の贈与は非課税となっていたので、変わりはないということもできますが、1500万円まで一括で渡せるという点に大きなメリットがあります。

ただし、受贈者が30歳になった時、贈与者が死亡した時などの場合は、使いきれなかった残額に贈与税または相続税が課されます。

③結婚・子育て資金の一括贈与

結婚・子育て資金の一括贈与の特例は、子や孫の結婚・子育て資金について1000万円までは非課税とする制度です。まず、信託銀行などの金融機関と「結婚・子育て資金管理契約」を結び、入出金や税務署への届出は金融機関を通じて行います。

なお、贈与者が死亡した場合は、残額は相続税の対象になります。贈与を受けた人（受贈者）が50歳に達した、受贈者が死亡した、口座の残高がゼロになり契約終了の合意があったなどの場合は、金融機関と締結した結婚・子育て資金管理契約が終了し、残高は贈与税の対象となります。

また、２０２1年4月1日以降の一括贈与について、贈与者の子以外の直系卑属が受贈者の場合は、残額は相続税額の2割加算の対象となります。

教育資金非課税申告書の記載例

どこで	いつまでに
税務署	適用を受ける贈与税の課税時期

別表第十一㈠

教育資金非課税申告書

××税務署長殿　　　　令和 6 年 3 月 20 日

受贈者	ふりがな	いのうえ　よしと
	氏名	井上 良人
	住所又は居所	東京都練馬区○○○○
	個人番号	××××××××××××
	生年月日（年齢）	㊥・令 20 12 9 （16 歳）
受贈者の代理人	ふりがな	いのうえ　じろう
	氏名	井上 二郎
	住所又は居所	東京都練馬区○○○○

下記の信託受益権、金銭又は金銭等について租税特別措置法第70条の2の2第1項本文の規定の適用を受けたいので、この旨申告します。

贈与者		贈与者から取得をしたもの：信託受益権、金銭又は金銭等の別	贈与者から取得をしたもの：信託受益権、金銭又は金銭等の価額	贈与者から取得をしたもの：金銭又は金銭等の取得年月日	左のうち非課税適用を受ける信託受益権、金銭又は金銭等の価額
ふりがな	いのうえ　たろう	信託受益権 金銭 金銭等	1,500万円	H30.1.30	1,500万円
氏名	井上 太郎				
住所又は居所	東京都渋谷区○○○○				
生年月日	明・大・昭・平　. .				
続柄	祖父				
ふりがな		信託受益権 金銭 金銭等			
氏名					
住所又は居所					
生年月日	明・大・昭・平　. .				
続柄					

取扱金融機関の営業所等	名称	△△信託銀行	法人番号	××××××××××××
	所在地	東京都中央区○○○○		
既に教育資金非課税申告書又は追加教育資金非課税申告書を提出したことがある場合	非課税拠出額	取扱金融機関の営業所等：名称	取扱金融機関の営業所等：所在地	提出先の税務署
				税務署

（摘要）

取扱金融機関の営業所等の受理年月日

（用紙　日本産業規格　A４）

贈与を受ける人のこと。未成年者の場合は、代理人を立てる

お金の場合は、1,500万円まで可能

実際の手続きは取扱金融機関によく相談すること

4-9 相続を受けた人の所得税の課税と確定申告について

身近な人が亡くなった時、前述のように相続財産の額が基礎控除額（3000万円＋600万円×法定相続人の数で算出）を超える場合、相続税が発生します。このことに関して、相続によって故人の財産・お金が自分に入ると、それは自分の収入・所得であると考え「所得税もかかるのでは？」と勘違いしてしまう人もいるようです。

しかし、原則的に相続によって得た財産に所得税が課税されることはありません。相続において、所得税は原則不要と覚えておいてください。

■相続した資産が生んだ収益には所得税がかかる

ただし、厳密にいうと、相続税を納める必要があるかどうかだけにはとどまらないことがあります。典型的な例は、相続で投資用不動産を譲り受け、収益を生んでいる場合です。

不動産そのものについては、相続財産の総額を計算する際に、財産評価を行い、評価額が確定します。しかし、被相続人が亡くなった以後も、収益は生まれます。被相続人の亡くなった日以後に引き続いて投資用不動産から生まれる収益・所得について、誰がその所得に応じた所得税を納めるか。それはその投資用不動産を引き継いだ相続人です。その相続人は相続開始後毎年、確定申告をしていく必要があります。

なお、被相続人が生前、青色申告を行っていた場合、投資用不動産を承継した相続人が青色申告者になるためには、原則として、その適用申請の書類を相続の開始日から4か月以内にあらためて提出する必要があります。

■相続した不動産を売却した時も確定申告が必要

相続した不動産を比較的早期に売却するケースもあり得ます。

その場合、売却すれば売却益が発生し、譲渡所得として所得税が課されます。これを**譲渡益課税**といいます（税法用語では譲渡＝売却のこと）。

取得費の加算とは

●譲渡益課税の基本の計算式

（売った金額−もともと買った金額）× 税率

↑ ここに下記Ⓐの金額を加算できる

Ⓐ

取得費に加算する相続税額 ＝

譲渡した人の相続税額 × 譲渡した人の相続税の課税価格の計算の基礎とされた譲渡資産の相続税評価額 ／（譲渡した人の取得財産の価額 ＋ 譲渡した人の相続時精算課税適用財産の価額 ＋ 譲渡した人の純資産価額に加算される暦年課税分の贈与財産の価額）

なお、相続財産として引き継いだ不動産を相続税の申告期限の翌日から3年以内に売却した場合、**取得費加算の特例**が適用できます。取得費加算の特例とは、相続した財産に相続税が課されている場合、そのかかった相続税の一部を、売却額から差し引くことができる制度です。

具体的には譲渡所得を算出（売った金額からもともと買った金額を控除）する際に、もともと買った金額、つまり取得費に、その不動産にかかる相続税額を加算できる制度です。

加算できる額は上図の計算式を参照してください。

■相続財産を寄附した場合には寄附金控除が適用される

相続した財産を公益法人などに寄附した場合、相続税から一定額を控除できる寄附金控除が適用されます（国や地方公共団体、ユニセフ、赤十字などの特定公益増進法人等の決められた寄附先に限る）。

なお、この寄附については、相続人の確定申告の際に所得税の寄附金控除として控除することもできます。

4-10 中小企業の経営者が亡くなった時の株式の扱いと事業承継税制

中小企業の経営者が亡くなった時、後継者を誰にするのか、事業をどう承継するのかがよく問題になります。後継者が誰になるのかは決まっても、後継者に先代が持っていた自社株、また個人事業者の場合は個人事業用資産の相続が課題となります。個人事業用資産を移すとなると、その段階で相続税にどう対処するかの問題に直面します。

この課題は、相続のなかでも事業承継として考えることになります。

■事業承継税制を活用すれば、株式にかかる相続税は100％免除

事業承継税制とは、２００９年に設けられた制度です。一言でいうと、「**中小企業が次世代の後継者に経営をバトンタッチするのであれば、相続税（贈与税を含む、以下同）の納付**

を猶予・免除します」という制度です。

通常、中小企業の事業承継にかかる株式は、取引相場のない株式といっていいでしょう。その株式を後継者に譲る場合、192ページで解説した方式によって評価します。その評価額の株式を一人の相続人が後継者として承継すると、相続の財産額も納税額も億単位の負担になることがあります。そこで、事業承継税制の特例措置が設けられ、2018年1月以降、「一定の要件」のもと、その事業承継のすべての株式にかかる相続税を100%猶予・免除できる制度が開始されました。

この措置は、2018年4月以降、事業承継の予定時期、承継時までの経営見通しや承継後5年間の事業計画を記載した特例承継計画を提出するなど、複数の要件を一つひとつ確認する必要があります。2018年に改正された「一定の要件」には次のようなものがあります。

①「人」に関わる要件の改正

従来、その会社の筆頭株主であった先代が、同じように筆頭株主となる後継者に事業を承継することが要件でしたが、2018年1月以降は、先代経営者以外の人からの相続・贈与によって受けた株式にも適用されるようになりました。また、後継者についても、複数（3人まで）の同族関係者が適用されることになりました。

②「事業の継続年数」に関わること

事業の継続年数に関する要件は、従来、「後継者が5年間社長であり続け、かつ株主であり続け、さらに雇用の8割を守ること」でした。

2018年以降、「もし、5年平均で8割の雇用を守るという要件を満たせなくても、経営状況の悪化や正当な理由を考慮する（理由報告が必要）」ことになりました。猶予の継続のための認定支援機関による指導・助言などが求められますが、要件を満たさなくても、ただちに打ち切りにはなりません。

また、2026年3月31日まで特例承継計画の提出期限が延長されました（令和6年度税制改正）。納税猶予の特例の期限に変更はありません。

③「個人版事業承継税制」とは

2019年1月以降、個人の事業用資産についても相続税の納付を猶予・免除できる制度が開始されています。

個人版事業承継税制と呼ばれるもので、2019年1月1日から2028年12月31日までの10年間の特例です。２０１９年4月1日から２０２６年3月31日までに「個人事業承継計画」を都道府県知事に提出し、確認を受けた後継者である相続人または受遺者（「特例事業相続人等」という）が、故人から、その事業に係る特定事業用資産のすべてを２０１９年１月1日から２０２８年12月31日までの相続等により取得した場合には、事業の継続など一定の要件のもと、特例事業相続人等が納付すべき相続税のうち、特例事業用資産にかかる課税価格に対応する相続税の納付が猶予され、特例事業相続人等が死亡した場合には、その全部または一部が免除されます。

ただし、特例事業用資産を特例事業相続人等の事業の用に供さなくなった場合など一定の場合には、事業用資産納税猶予税額の全部または一部について納税の猶予が打ち切られ、その税額と利子税を納付しなければなりません。

4-11

税務署は公共機関と故人の情報を共有している!?

相続税法58条では、市区町村が死亡または失踪に関する届出書を受理した時は、その届出書に記載された事項及びその死亡等をした人が所有していた土地または家屋の固定資産税の情報を税務署に通知する義務を定めています。これが、相続税法第58条通知といわれるものです。この相続税法第58条通知に係る戸籍情報などの提供については、次のように法務省と国税庁が運用要領を定め、その要領にもとづいて各市区町村や税務署も対応しています。

■どのような戸籍情報をどう提供するか、は決まっている

まず、戸籍情報等の提供について法務省は、相続税法58条1項の規定により国税庁に対し、次の情報を提供しています。

・死亡または失踪（以下、死亡等）に関する届書に係る届書等情報に記録されている情報
・死亡等に関する受付帳情報、死亡等をした人の戸籍や除籍の副本に記録されている情報（死亡等をした人が除籍または除籍の副本に記録されている情報で、死亡等をした人とその相続人を特定するために必要なもの）のうち、戸籍情報連携システムの「法務省提供データ一覧」に掲げる情報（以下、戸籍情報等）

その情報提供の方法は、

・毎月月初から起算して原則5稼働日以内に実施し、5稼働日を超える場合は法務省と国税庁で調整のうえ提供日を決める
・政府共通ネットワークの障害等により情報の提供ができない場合で、おおむね1か月以内に復旧することが見込まれる場合は、その復旧を待ってから提供する
・情報を提供するにあたり、情報の漏えいや改ざんを防止するため、提供する情報を暗号化して提供する

そのほか国税庁は、法務省から提供された戸籍情報等を、規定された目的以外に使用してはならないこと、適切に取り扱わなければならないことなども定めています。

この運用要領は、2024年4月1日から施行されており、新しい取り決めといえるで

しょう。この背景には、もともと2011年に発生した東日本大震災による被災を契機に、戸籍副本データ管理システムが整備されてきたことがあります。

亡くなった人の戸籍情報はいわば生前の個人情報であり、厳密に管理しなければならないものです。しかし一方で、市区町村や税務署、また国としても情報共有が必要になる場合があります。この相続税法第58条通知に係る戸籍情報等の提供運用要領は、そうした際に、要領をしっかり定めて厳格・適切な情報提供を行っていくことを示しています。

なお、法務省の具体的な提供情報は届書等情報、受付帳情報、戸籍または除籍の副本に記録されている情報ですから、亡くなった人の氏名や死亡日・時刻、生前の住所、世帯主の氏名など故人とその家族の主な情報が含まれています。これにより税務署としては正しく申告・納税を行っているかどうかを把握できるのです。

第5章
こんな時はどうする？ 相続手続きQ&A

5-1

あとになって財産が出てきた時の税金と登記はどうなるの？

とくに隠したつもりはなくても、あとになってから財産が出てくることはあり得ます。誰の所有かわからなくなってしまっていた土地・空き家が故人のものであることがわかった、遺品を整理していた時、故人が秘蔵していた箱から貴金属が出てきた、などです。

■税金と登記の手続きはまったく別

故人の財産があとから出てきた時、手続き上はあわてず、やり直す必要のある手続きを粛々と行うことになります。

大きな評価額となる財産があとになって出てきた場合、それで相続税を納めることになれば税務署に事情を説明して相続税額を計算し、納付することになります。

相続税を納付しなかった時のペナルティ

①無申告加算税	期限内に申告しなかったことに関するペナルティ
②過少申告加算税	期限内に申告した額が過少であった場合のペナルティ
③重加算税	財産を意図的に隠していたことに対するペナルティ
④延滞税	納期限をすぎて納付した時の利息分的なペナルティ

申告手続きが遅れ、納税額が発生する場合には、**無申告加算税**や**延滞税**が課税される可能性はあっても、申告すべき財産を意図的に隠匿していたわけではないので、**重加算税**がかかるようなことはまずありません。

もし、すでに相続税を申告済みで、納税額が増えることになる場合、修正申告を行います。

税務署から指摘を受けて修正する場合には、修正して申告し、納税するだけでなく、新たに納める税金に対して過少申告加算税が課されるケースがあります。

いずれにせよ、税金の手続きをするうえで大変なのは、故人の相続財産の確定から各相続人が納める相続税額の確定まで、計算し直さないといけない手間が発生することです。

また、あとから変更登記が必要な土地や建物などの財産が出てきた場合、その時点で誰が相続するのかを相続人が集まって決め、相続した人が名義変更の手続きをします。変更登記と相続税の申告はそれぞれ別の手続きですから、失念しないようにしましょう。

なお、2024年度より、**故人が取得した不動産があることを相続人が知ってから3年以内に登記申請することが義務化されました**ので注意が必要です。

5-2 あとになってから相続人が現れたらどうするの？

行方がわからなかった故人の子が現れた。実は故人は過去に結婚していて相手との間に子どももいて、ようやく連絡がついた——。このようなケースもないとは限りません。そのような場合、相続の手続き上は遺産分割協議書のつくり直しが必要で、あとから現れた相続人の遺留分の主張への対応がポイントになることもあります。

遺産分割協議書は、協議し直して再度作成する

遺産分割協議書（148・149ページ参照）をつくり直す場合、相続人全員の同意が必要となります。

ちなみに、遺産分割協議書が法的にも無効となるのは、

・相続人全員が揃っていない
・遺言書があるのを知らないでつくってしまった
・大きな額の財産の記載もれがあった

など限定的です。

無効になれば、あらためて遺産分割協議書を作成します。この時、旧作成分に署名した相続人はもちろんのこと、あとになって現れた相続人を含めて協議を行い、遺産分割協議書をつくり直す必要があります。

税務上、相続税額に変更があれば修正申告をします。このケースでは基礎控除額が増えることになるので、納税額が減ったり、納めなくてもよくなったりするケースもあり得ます。そうなれば、相続税の**還付請求**を行います。

なお、相続税の還付請求は法定申告期限から5年以内に、２４５ページに挙げた**更正の請求書**をもとに更正の請求という手続きをとることになります。

こうした相続の手続きのなかで、たとえば故人の子があとから現れたような場合には、遺留分を主張されるケースがあります。

遺留分とは、故人の配偶者、子、父母が主張可能な最低限確保できる財産のこと。たとえ

更正の請求書の記載例

どこで	いつまでに
税務署	申告期限から5年以内

（1枚目）

税務署受付印

（令和5年1月分以降用）

相続税の更正の請求書

△△ 税務署長

令和 5 年 6 月 15 日提出

〒113－××××

住所又は所在地 東京都文京区〇〇〇〇

納税地

フリガナ ホンダ サチコ

氏名又は名称 本田 幸子

個人番号又は法人番号

〔個人番号の記載に当たっては、左端を空欄とし、ここから記入してください。〕

| | ×××× | ×××× | ×××× |

（法人等の場合）
代表者等氏名

職業 無職　電話番号 03－××××－××××

左端を1マス空欄にして、マイナンバーを記入する

1．更正の請求の対象となった申告又は通知の区分及び申告書提出年月日又は更正の請求のできる事由の生じたことを知った日

令和 5 年分 相続税申告書　令和 6 年 5 月 2 日

2．申告又は通知に係る税額及び更正の請求による課税標準等又は税額等

次葉のとおり

3．添付した書類

遺産分割協議書、修正申告書

行方不明だった相続人があとになって現れたなど、事情を正確に記す

4．更正の請求をする理由

遺産分割協議書をつくり直し、まとまったため

5．更正の請求をするに至った事情の詳細、その他参考となるべき事項

遺産分割協議書作成時点では行方不明の扱いとしていた相続人があとになって現れ、遺産分割協議書を作成し直した

6．還付を受けようとする銀行等	1 銀行等の預金口座に振込みを希望する場合	2 ゆうちょ銀行の貯金口座に振込みを希望する場合
	△△ (銀行)・金庫・組合・農協・漁協　□□ (本店)・支店・出張所・本所・支所	貯金口座の記号番号 －
	普通 預金 口座番号 ××××××××	3 郵便局等の窓口で受取りを希望する場合

関与税理士		電話番号	

身元確認	確認書類
□ 済 □ 未済	個人番号カード／通知カード・運転免許証 その他（　　）

（資15－1－1－A4統一）

通常、税額の詳細などについては、2枚目以降に記入する（省略）。そのため、実際には税理士に依頼し、対応してもらうことになる

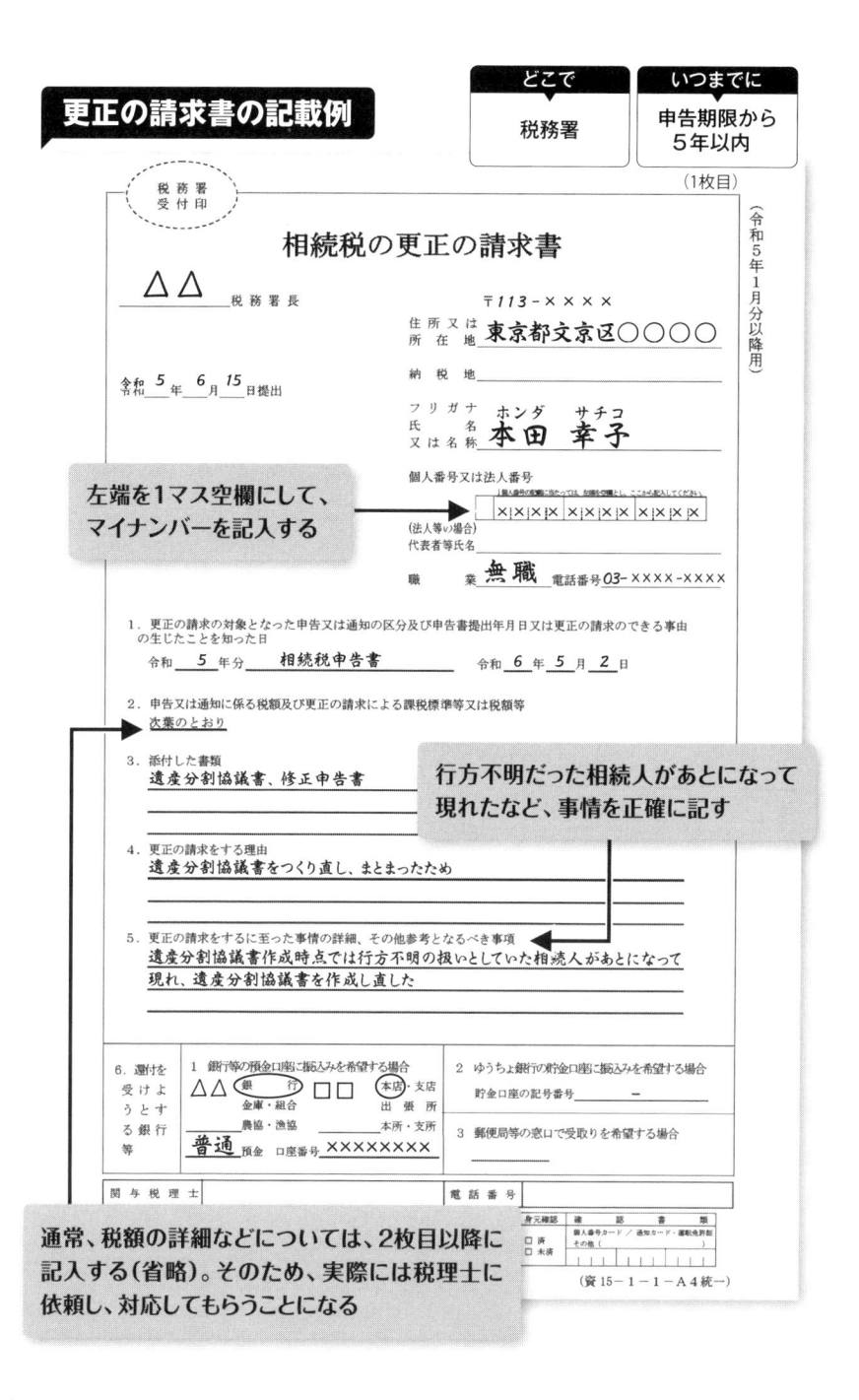

遺留分の割合の例

相続人	全員の遺留分	相続人の遺留分		
		配偶者	子ども	父母
配偶者のみ	2分の1	2分の1	―	―
配偶者と子ども	2分の1	4分の1	4分の1	―
配偶者と父母	2分の1	3分の1 (1/2×2/3)	―	6分の1 (1/2×1/3)
子どものみ	2分の1	―	2分の1	―
父母のみ	3分の1	―	―	3分の1

※亡くなった人の兄弟は相続人であっても遺留分はありません

ば、あとから現れた相続人が故人の子で、その子が遺留分の財産を確保できないと思った場合、他の相続人に対する意思表示によって行使します。

遺留分の割合は上表のようになっています。遺留分は遺言書をもってしても侵害できない、相続人の基本的な権利ということができます。ですから、あとになって相続人が現れたケースでは、第一にこの遺留分を侵害した相続手続きになっていないかを再検討すべきです。

5-3 相続税の申告ができなかったり払えなかったりしたらどうなるの？

遺産の分割で揉めに揉めて、結局、身近な人が亡くなって10か月の間に、遺産分割について相続人が合意できないというケースがあります。ただし、どんな理由であっても、税金の納期限は待ってはくれません。申告の期限を延ばして（遅らせて）ほしい問題が発生したら、そのための手続きをとらないといけないのです。

■ペナルティを払わなくてもよい二つの方法

相続税の納期限の延長は原則できません。ただし、個別に納期限の遅れの理由を見ると、

・相続人の異動があった
・遺留分の侵害額請求があった

・**遺贈にかかる遺言書が見つかった**

といったケースでは、最大2か月延長することも可能です。ただし、現実的にはほとんど起こり得ないケースかもしれません。

納期限を1日でも遅れるとペナルティがあるわけですが、そのペナルティを避けたい場合、次の二つの申告方法があります。

①計算が間に合わない場合は、申告期限内に概算申告で税額をいったん多めに支払っておく

遺産分割案で揉める以前に、財産評価するための情報収集そのものが申告期限までに間に合わず、遺産総額や税額の確定が困難な場合には、いったん期限内に多めに税金を支払います。多めに支払った税金は、後日、税額が誤っていた旨を伝える申告（更正の請求＝２４４ページ参照）を行い、還付を受けることができます。

これは、何より申告することを優先し、かつ納期限に間に合わなかった、納税額が少なかったなどの理由によるペナルティを避ける方法です。

②分割が間に合わない場合は、申告期限後3年以内の分割見込書を提出し、未分割申告を行う

申告期限までに相続税額の計算が間に合わないのではなく、遺産分割がまとまらないこともあります。その場合には、２２０ページに挙げた**申告期限後3年以内の分割見込書**を提出して申告します。そもそも、誰がいくらの財産を相続するのかが決まっていないと、それぞれの相続人が納めるべき相続税が正確には算出できません。そこで、法定相続分で分割したと仮定して、未分割の状態で申告、納税します。

申告後、相続人全員の協議によって遺産分割協議書をまとめ、その協議書に沿った遺産の分割が確定したら、その分割の割合に応じて、それぞれの相続人が申告し、納税し直すことになります。税額が増える相続人は追加で税金を納め、税額が減る相続人は税務署から税金の還付を受けるための手続きを行います。

遺産分割の協議そのものがまとまらない場合は、遺産分割調停を裁判所に申し立てます。裁判所によって選任された調停委員が対応しますが、その調停においても話がまとまらない場合には審判が下されます。その審判に対して不服であったり、決着がつかなかったりする場合は、裁判へと移行していくことになります。

■担保を提供することで延納・物納制度を活用

相続税をどうしても納めることができない場合、延納や物納といった制度があります。

相続税額の納付を延ばせるのは、251ページの図の要件をすべて満たす場合に限られます。**「いずれか」ではなく、「すべて」である点に留意してください**。

また、担保にできるものは、相続財産だけでなく、相続人がもともと持っている財産でもかまいません。ただし、国債・地方債、社債その他の有価証券で税務署長が確実と認めるもの、土地、建物のほか、税務署長が確実と認める保証人の保証などに限られます。

実際の延納制度を活用する場合は、252ページに挙げた**相続税延納申請書**を提出します。

延納でも納税がむずかしい場合は、物納を検討します。相続税に限っては、延納によっても金銭で納付することを困難とする事由がある場合には、納税者の申請により、その納付を困難とする金額を限度として一定の相続財産による物納が認められています。

この場合、納期限または納付すべき日（物納申請期限）までに252ページに挙げる**相続税物納申請書**に物納手続関係書類を添付して提出する必要があります。

相続税延納申請書や相続税物納申請書は、延納・物納申請税額の内訳のほか分納期間と分納税額の計算など細かな記載が多く、担保に応じた確約書も必要になるので、税務署の職員や税理士と相談のうえ進めましょう。

延納が認められる要件と物納できる財産

(1)延納が認められる要件

すべての要件を満たすこと

- 相続税額が10万円を超えること
- 納付できない理由が明確にあり、延納したい額がその理由によって困難となる額の範囲内であること
- 相続税の納期限または納付すべき日（延納申請期限）までに、延納申請書に担保提供関係書類を添付して税務署長に提出すること
- 延納したい税額と利子税の額に相当する担保を提供すること
（ただし、延納税額が100万円以下で、かつ、延納期間が3年以下である場合には、担保を提供する必要はない）

(2)物納できる財産

①国債・地方債、不動産、船舶、社債、上場株式、証券投資信託または貸付信託の受益証券

②非上場株式等

③動産

相続税延納申請書・相続税物納申請書の記載例

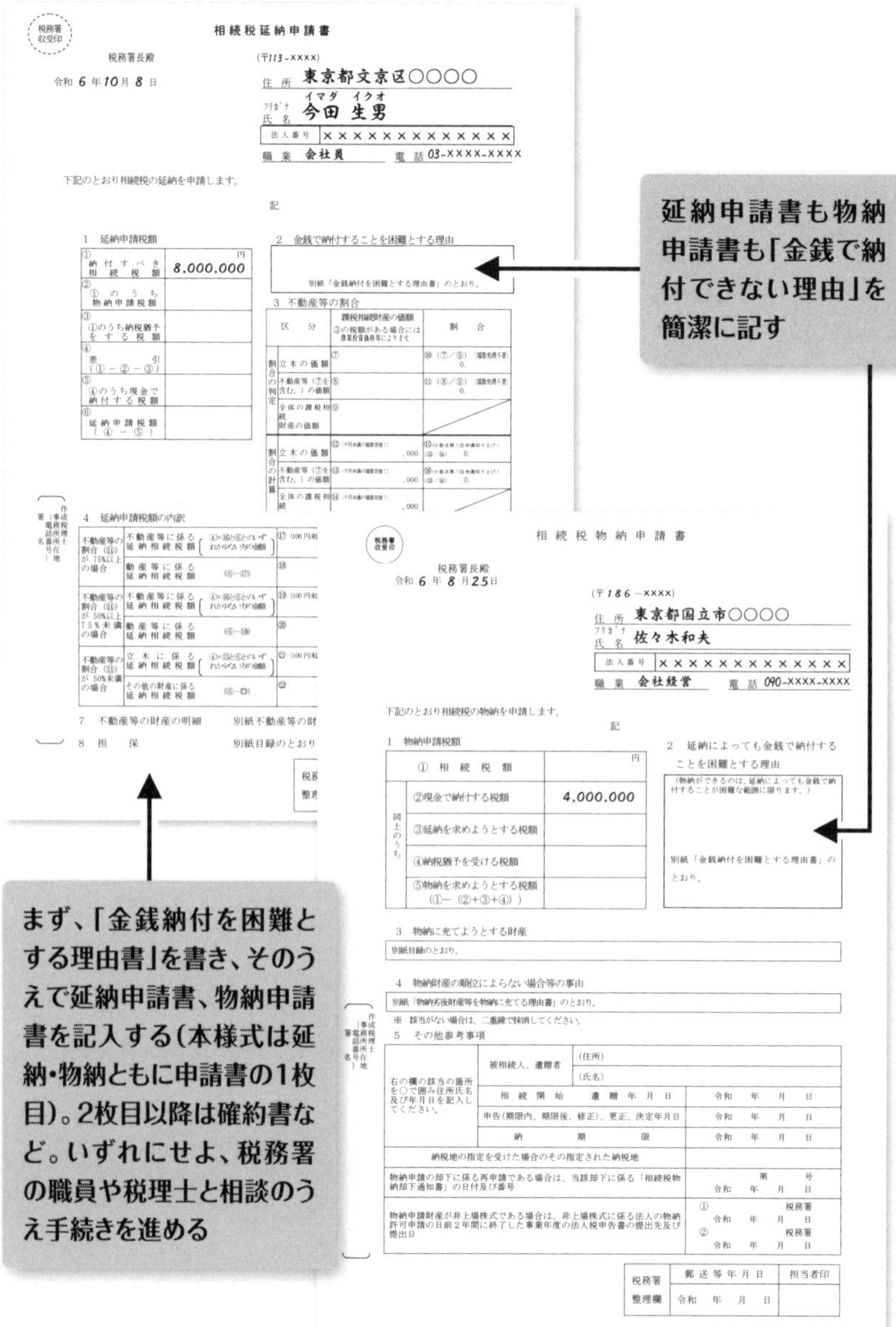
相続税延納申請書

税務署収受印

税務署長殿

令和 6 年 10 月 8 日

(〒113-XXXX)

住所 東京都文京区○○○○

フリガナ イマダ イクオ

氏名 今田 生男

法人番号 XXXXXXXXXXXXX

職業 会社員　電話 03-XXXX-XXXX

下記のとおり相続税の延納を申請します。

記

1 延納申請税額

① 納付すべき相続税額	8,000,000 円
② ①のうち物納申請税額	
③ ①のうち納税猶予をする税額	
④ 差引（①－②－③）	
⑤ ④のうち現金で納付する税額	
⑥ 延納申請税額（④－⑤）	

2 金銭で納付することを困難とする理由

別紙「金銭納付を困難とする理由書」のとおり。

3 不動産等の割合

区分		課税相続財産の価額 ③の税額がある場合には農業投資価格等によります	割合
割合の判定	立木の価額	⑦	⑩（⑦／⑨） 0.
	不動産等（⑦を含む。）の価額	⑧	⑪（⑧／⑨） 0.
	全体の課税相続財産の価額	⑨	
割合の計算	立木の価額	⑫ ,000	⑮（⑫／⑭） 0.
	不動産等（⑦を含む。）の価額	⑬ ,000	⑯（⑬／⑭） 0.
	全体の課税相続財産の価額	⑭ ,000	

4 延納申請税額の内訳

不動産等の割合（⑪）が75%以上の場合	不動産等に係る延納相続税額	④×⑯と⑥とのいずれか少ない方の金額	⑰（100円未満…）
	動産等に係る延納相続税額	（⑥－⑰）	⑱
不動産等の割合（⑪）が50%以上75%未満の場合	不動産等に係る延納相続税額	④×⑯と⑥とのいずれか少ない方の金額	⑲（100円未満…）
	動産等に係る延納相続税額	（⑥－⑲）	⑳
不動産等の割合（⑪）が50%未満の場合	立木に係る延納相続税額	④×⑮と⑥とのいずれか少ない方の金額	㉑（100円未満…）
	その他の財産に係る延納相続税額	（⑥－㉑）	㉒

7 不動産等の財産の明細　別紙不動産等の財…

8 担保　別紙目録のとおり…

税務署整理…

（作成税理士の事務所所在地・署名・電話番号）

相続税物納申請書

税務署収受印

税務署長殿

令和 6 年 8 月 25 日

(〒186－XXXX)

住所 東京都国立市○○○○

フリガナ

氏名 佐々木和夫

法人番号 XXXXXXXXXXXXX

職業 会社経営　電話 090-XXXX-XXXX

下記のとおり相続税の物納を申請します。

記

1 物納申請税額

① 相続税額		円
同上のうち	②現金で納付する税額	4,000,000
	③延納を求めようとする税額	
	④納税猶予を受ける税額	
	⑤物納を求めようとする税額（①－（②+③+④））	

2 延納によっても金銭で納付することを困難とする理由

（物納ができるのは、延納によっても金銭で納付することが困難な範囲に限ります。）

別紙「金銭納付を困難とする理由書」のとおり。

3 物納に充てようとする財産

別紙目録のとおり。

4 物納財産の順位によらない場合等の事由

別紙「物納劣後財産等を物納に充てる理由書」のとおり。

※ 該当がない場合は、二重線で抹消してください。

5 その他参考事項

右の欄の該当の箇所を○で囲み住所氏名及び年月日を記入してください。	被相続人、遺贈者	（住所）
		（氏名）
	相続開始　遺贈　年月日	令和　年　月　日
	申告（期限内、期限後、修正）、更正、決定年月日	令和　年　月　日
	納期限	令和　年　月　日
納税地の指定を受けた場合のその指定された納税地		
物納申請の却下に係る再申請である場合は、当該却下に係る「相続税物納却下通知書」の日付及び番号		第　号 令和　年　月　日
物納申請財産が非上場株式である場合は、非上場株式に係る法人の物納許可申請の日前2年間に終了した事業年度の法人税申告書の提出先及び提出日		① 税務署 令和　年　月　日 ② 税務署 令和　年　月　日

税務署整理欄	郵送等年月日	担当者印
	令和　年　月　日	

（作成税理士の事務所所在地・署名・電話番号）

延納申請書も物納申請書も「金銭で納付できない理由」を簡潔に記す
まず、「金銭納付を困難とする理由書」を書き、そのうえで延納申請書、物納申請書を記入する（本様式は延納・物納ともに申請書の1枚目）。2枚目以降は確約書など。いずれにせよ、税務署の職員や税理士と相談のうえ手続きを進める

5-4 誰も相続しない場合、法定相続人が誰もいない場合はどうなるの？

被相続人が亡くなり、その相続財産を誰も相続しないとなった場合、財産はどうなるのでしょうか。

まず、配偶者や子などの法定相続人が相続放棄をしても、相続権は親、兄弟姉妹と79ページに挙げた図の優先順位の順番に移っていくことになります。

■家庭裁判所が選任する相続財産清算人の手に委ねられる

相続人が現れるまでの間は相続財産を管理し、最終的に誰も相続しない場合は清算の手続きをする人が必要です。その財産を管理する人を**相続財産清算人**といいます。

相続財産管理人は家庭裁判所が申立てによって選任します。誰が申し立てるのかはケースによって違いはありますが、たとえば相続人全員が相続放棄をしても、故人の財産管理をしている人はいるはずです。その人が財産の処分などの対応に困った時に家庭裁判所に申し出るケースが多いようです。

また、故人に債務がある場合に債権者が申し立てるケース、特別縁故者（法定相続人ではないけれど、故人と特別な関係にあった事実婚の妻、献身的に介護していた人など）が申し立てるケースもあるでしょう。

選任された相続財産清算人は、2か月経っても相続人が現れない場合、相続する権利を債権として、その債権の申し出を促す公告を行います。その公告の期間内に申し出た債権者や受贈者に対して支払いを行うことになります。

相続財産清算人は、債権の申し出を促す公告とともに、相続人捜索の公告も出します。その公告の期間内に相続人が現れない場合は、相続人の不在が確定します。

その確定後、故人の相続財産は〝行き場〟のないことになり、最終的には国のものになるのです。

■ 身近な人が亡くなった時の「申請書・帳票」一覧

区分	申請書・帳票	ページ
市区町村役場に届け出る	死亡届	16・17
	死体埋火葬許可申請書	21
	住民異動届出書（世帯主の変更届）	34
	児童扶養手当認定請求書	38・39
	改葬許可申請書	60・61
	復氏届	161
	姻族関係終了届	165

区分	申請書・帳票	ページ
年金・保険関係の届出は？	年金請求書（国民年金遺族基礎年金）	71～74
	年金受給権者死亡届（報告書）	77
	未支給年金・未支払給付金請求書	80
	年金請求書（国民年金寡婦年金）	82・83
	国民年金死亡一時金請求書	86
	国民健康保険被保険者資格喪失届	90
	健康保険被保険者証回収不能届	91
	介護保険資格取得・異動・喪失届	92
	国民健康保険葬祭費支給申請書	94
	健康保険埋葬料（費）支給申請書	97
	健康保険高額療養費支給申請書	102・103
	健康保険・船員保険高額医療費貸付金貸付申込書	104
	介護保険 要介護・要支援認定等申請取下げ（取消）申出書	107

ページ

税理士に協力してもらう税金関係

財産目録 …… 136
遺産分割協議書 …… 148・149
準確定申告書と付表 …… 174～176
所得税青色申告決算書（不動産所得用） …… 177
相続税の申告要否検討表 …… 184・185
相続時精算課税選択届出書 …… 203
上場株式の評価明細書 …… 209
申告期限後３年以内の分割見込書 …… 220
教育資金非課税申告書 …… 226
（相続税の）更正の請求書 …… 245
相続税延納申請書・相続税物納申請書 …… 252

ページ

預貯金の扱いや登記、裁判所などの法務関係、その他
（電話・自動車などの財産関係）

電話加入権等承継・改称届出書 …… 26
相続確認表 …… 114・115
相続貯金等記入票 …… 116
遺言書の保管申請書 …… 127
登記申請書 …… 153
限定承認申述書 …… 156・157
相続放棄申述書 …… 158・159
遺産分割協議成立申立書 …… 213

円満相続を応援する
士業の会

高野《たかの》　好史《よしふみ》

税理士・宅地建物取引士

2009 年税理士登録後、税理士高野好史事務所を開業。
当事務所は相続を専門におこなっており、各士業とも連携しておりますのでワンストップで相続業務をサポートしております。まずは無料相談におこしください。

【税理士高野好史事務所】
〒 321-0945　栃木県宇都宮市宿郷 2-6-4　パークヒルズ宿郷 602 号
TEL：028-666-5539　FAX：028-682-3755
E-mail：y-takano@kigyou-support.net　URL：https://www.souzoku-utsunomiya.com

---

児玉《こだま》　博利《ひろとし》

代表社員・税理士

1971 年創業の会計事務所です。開業以来 53 年にわたり、不動産オーナーをはじめとした多くのお客様の資産税案件や、会社の事業承継に関わってきました。相続に不安がある方、事業承継に悩みを抱えている方はお気軽にご相談ください。様々な視点からご支援させていただきます。

【税理士法人　児玉税経】
〒 320-0851　栃木県宇都宮市鶴田町 3086-2
TEL：028-633-8720
URL：https://k-zeikei.or.jp

札幌支店
〒060-0061
札幌市中央区南一条西 10 丁目
4 南大通ビルアネックス 2F
TEL：011-212-1626
URL：https://www.sapporokaikei.jp

赤坂支店
〒107-0052
東京都港区赤坂 7-10-6
赤坂今野ビル 3F
TEL：03-5573-5755

小野《おの》　久男《ひさお》

公認会計士・税理士・AFP

昭和 54 年公認会計士・税理士登録。同年公認会計士・税理士事務所開業。令和 3 年税理士法人小野会計設立。当事務所は相続及び創業者支援に特化して仕事を行っています。各士業とも連携しておりますのでワンストップで相続業務及び創業支援業務をサポートしております。まず無料相談におこしください。

【税理士法人小野会計】
〒 374-0023　群馬県館林市大手町 3 番 30 号
TEL：0276-73-4221　FAX：0276-75-6330
E-mail：ono-hi@tkcnf.or.jp

関根《せきね》　威《たけし》

税理士・行政書士

「節税」や「『争続』にならないための遺産分割」、「2 次相続まで考えた遺産分割」は、まさに経験と実績がものをいいます。開業 50 年の実績と相続専門スタッフによるきめこまやかなサービスで、親身になってサポートいたします。ぜひ、お気軽にご相談ください。

【SMC税理士法人】
〒 359-1123　埼玉県所沢市日吉町 18 番 26 号　所沢 FS ビル 5F
TEL：04-2924-7775　FAX：04-2924-7744
E-mail：souzoku-tokorozawa@smcjapan.co.jp　URL：https://www.smcjapan.co.jp
https://totoronomori.com

山本《やまもと》　頼人《よりひと》

千葉経済大学非常勤講師・税理士・行政書士

千葉県生まれ、早稲田大学政治経済学部卒業。
自分も相続を経験し大切さを痛感しました。迅速な対応と分かりやすい説明、徹底的な傾聴を心がけております。人生に何度もあることではないご相続のため、全力で対応いたします。また各士業とも連携し相続業務をサポートしております。いつでもお気軽にご連絡ください（初回相談無料です）。

【山本頼人税理士事務所】
〒 286-0045　千葉県成田市並木町 206 番地
TEL：0476-22-2721　FAX：0476-24-3759
E-mail：naritatax001@gmail.com　URL：http://narita-tax.jp

佐々木《ささき》　秀一《しゅういち》／木下《きのした》　朋子《ともこ》／清水《しみず》　勧《すすむ》

税理士

1987 年開業以来、中小企業の事業承継や相続相談、経営相談、税務相談等のサービスを実施してまいりました。相続相談に関しては、依頼者の要望を丁寧に聞いて、現状を十分に調査して、ご遺族の円満な遺産分割と節税対策の提案を心がけております。中小企業庁認定経営革新等支援機関。

【税理士法人東京総合会計】
〒 103-0027　東京都中央区日本橋 3-8-2　新日本橋ビル 8F
TEL：03-5299-6181　FAX：03-5299-6188
E-mail：sasaki@tokyosogo.jp　URL：http://www.tokyosogo.jp

澤田《さわだ》　悟吏《さとし》

税理士・行政書士

大切な人に万一があった際、数々の手続きが必要になります。なかでも税金関係は遺族の方にとって負担が非常に大きいと言えます。大変辛い状況の中、手を差し伸べて安心感を与えてくれる税理士は周りにいますか？
私共は、これまでのお手伝いの中で毎回「安心感をありがとう」の言葉を頂戴している相続税の専門家です。

【税理士澤田悟吏事務所】
〒 171-0022　東京都豊島区南池袋 2-18-9 マ・シャンブル南池袋 803
TEL：080-3749-0400
E-mail：stcpta_tax@outlook.com　URL：https://sawadacpta-tax.com

藤井《ふじい》　孝先《たかひろ》

行政書士・不動産鑑定士

先義後利をモットーに、相続手続き・遺言等の生前対策・死後事務を行っています。職員一同、お客様目線の丁寧な対応を第一に考えており〈満足度９７%〉と高評価をいただきました。相続は人生で何度も経験することではなく、分からないことだらけで当然です。ひとりで悩むより、まずは安心の【初回無料相談】をご利用ください。お電話お待ちしております。

【しらかば行政書士法人・しらかば不動産鑑定】
〒 164-0001　東京都中野区中野 4 丁目 10 番 2 号中野セントラルパークサウス 2 階
TEL：0120-847-120　FAX：050-6868-9036
URL：souzoku@shirakabag.com　URL：https://www.nakano-souzoku.jp

太田《おおた》　啓之《ひろゆき》／太田《おおた》　忠義《ただよし》

税理士

いざ相続が始まれば、役所や銀行等で慣れない手続きに追われます。さらに相続税申告が加わればより大変だと思います。開業 43 年。相続税の専門家として親切丁寧を心掛け、お客様に寄り添いながら相続税・贈与税申告を行います。必要があれば各専門家と連携して円満相続を応援します。まずはご相談ください。

【太田会計事務所】

〒 462-0844　愛知県名古屋市北区清水四丁目 15 番 1 号　日宝黒川ビル 3 階

TEL：052-991-0376

E-mail：info@ootakaikei.com　URL：http://www.ootax.jp

谷丸《たにまる》　幸子《ゆきこ》

税理士

税理士登録後、昭和 51 年開業の家業である税理士事務所にて相続担当税理士として勤務。家業の業歴を生かし、税務署 OB や地元金融機関、他の士業などとの連携で相続問題を解決します。大手企業との共催による相続セミナーも多数開催。女性税理士ならではの目線で、安心・丁寧な対応をこころがけております。

【谷丸会計事務所】

〒 569-0823　大阪府高槻市芝生町 1 丁目 14-2

TEL：072-678-1251　FAX：072-678-1253

E-mail：tax@tanimaru.jp　URL：http://www.tanimaru.jp

美藤《びとう》　直人《なおひと》

公認会計士・税理士・認定経営革新等支援機関・ＣＦＰ®

1995 年　公認会計士登録

2011 年　税理士登録　美藤公認会計士・税理士事務所開業

亡くなられたご家族からの財産を安心して相続されるためのお手伝いをしています。相続税の申告では、お客様のご負担を軽減するため、税理士法第 33 条の2第 1 項に規定する「申告書の作成に関する計算事項等記載書面」(書面添付制度)も対応可能です。また、相続した不動産の売却等についてもお気軽にお問い合わせください。

【美藤公認会計士・税理士事務所】

〒 530-0041　大阪府大阪市北区天神橋 2 丁目北 1 番 21 号　八千代ビル東館 3 階 B 号室

TEL：06-4800-8410　FAX：06-4800-8420

E-mail：office@bito-cpatax.com　URL：https://bito-cpatax.com

髙岸《たかぎし》　直久《ただひさ》

税理士

ＪＲ高槻駅や阪急高槻市駅から徒歩約 3、4 分程の弊所は、開業以来地元北摂を中心に数千件以上に及ぶ相続相談や相続税の申告、税務調査立会の実績と経験があります。各士業とも連携し、ワンストップで相続に関する悩みを解決します。まずは無料相談をホームページ又はお電話でお申し込みください。

【髙岸税務会計事務所】

〒 569-0803　大阪府高槻市高槻町 9 番 19 号カサノブレ 202 号

TEL：072-683-0230　FAX：072-683-0376

E-mail：info@gishitax.com　URL：https://www.e-souzokuzei.com

矢野《やの》　元樹《もとき》

税理士

地域の皆様に信用・信頼していただける丁寧なサービスを心掛けています。相続は一生に何度も起こる事ではありませんので、安心してお任せいただけるように、専門の税理士が対応いたします。

【矢野元樹税理士事務所】
〒676-0068　兵庫県高砂市高砂町鍛冶屋町 1414　LINC 高砂 2F
TEL：080-5750-5124
E-mail：m.yano.zeimu@meg.winknet.ne.jp　URL：https://www.bizup.jp/souzoku/yano/index.html

---

沖《おき》　聰《さとし》

税理士

神戸大学経営学部卒業、一部上場企業勤務。家業の美術商に従事。その後、税理士になり大手事務所勤務後、平成 6 年独立。専門学校で相続税法講師も務め、現在は税理士業務全般、特に経営者の種々の相談や相続対策を、各種の専門家や金融機関と連携して業務を遂行している。

【沖　聰　税理士事務所】
〒631-0076　奈良県奈良市富雄北 1 丁目 12-2
TEL：0742-51-0460　FAX：0742-51-0369

宮尾《みやお》　文也《ふみや》

代表税理士

当事務所では、行政書士事務所を併設して相続手続き・相続税申告事務をしています。また、その他士業の事務所とも連携しています。相続税・贈与税に関することは何でもお気軽にご相談ください。

【税理士法人　宮尾事務所】
〒649-0133　和歌山県海南市下津町下 222
TEL：073-492-3649
E-mail：office@miyao-net.com　URL：https://miyao-souzoku.com

光廣《みつひろ》　昌史《まさふみ》

税理士・代表取締役

創業60年余り。税理士５名のほか、スタッフ26名在籍。「お客様の夢の実現」に向け、高い専門性を生かし税務・経営などあらゆる局面をサポートしている。また、豊富なノウハウを持つ相続専門チームが軽減対策の提案や、相続手続き支援を行なうほか、円満な相続を実現するためにセミナーを開催するなど啓発活動にも力を注いでいる。

【光廣税務会計事務所／株式会社　オフィスミツヒロ】
〒730-0801　広島県広島市中区寺町 5 番 20 号
TEL：082-294-5000　FAX：082-294-5007
E-mail：info@office-m.co.jp　URL：https://www.office-m.co.jp

小林《こばやし》　達哉《たつや》

税理士・（同）和（なごみ）アドバイザリーサービス代表

相続税法他試験に合格して 2004 年税理士登録、2023 年 11 月事務所開業、相続税のことはもちろん、基礎控除内の相続であっても、遺言作成・執行、その他諸手続き等お気軽にご相談ください。女性行政書士も働いているアットホームな事務所です。お客様のお話を傾聴し、ご要望に親身に寄り添うことが出来ると思っております。

【小林達哉税理士事務所】
〒811-3212　福岡県福津市福間南 3-17-25
TEL：092-710-5876　FAX：092-710-5879
E-mail：kobayashi-taxofc@cap.bbiq.jp　URL：https://kobayashi-taxofc.crayonsite.info

岩本《いわもと》　拓《たく》

税理士

長崎県内大手税理士事務所にて約 10 年勤務後、独立開業。
行政書士や司法書士との連携により、預金解約や不動産登記、公正証書遺言の手続きをワンストップで行います。また、測量士とも連携し、高めに評価されがちな土地について適正な評価・相続税申告を行うことをモットーとしています。

【たちばな会計事務所】
〒856-0831　長崎県大村市東本町 104-7　まなビル 3A
E-mail：iwamoto@nagasaki-zeirishi.com　URL：https://www.nagasaki-zeirishi.com

栃木県
税理士高野好史事務所　高野　好史 …… 258
税理士法人　児玉税経　児玉　博利 …… 258
群馬県
税理士法人小野会計　小野　久男 …… 258
埼玉県
ＳＭＣ税理士法人　関根　威 …… 258
千葉県
山本頼人税理士事務所　山本　頼人 …… 259
東京都
税理士法人東京総合会計　佐々木　秀一／木下　朋子／清水　勧 …… 259
税理士澤田悟吏事務所　澤田　悟吏 …… 259
しらかば行政書士法人・しらかば不動産鑑定　藤井　孝先 …… 259
愛知県
太田会計事務所　太田　啓之／太田　忠義 …… 260
大阪府
谷丸会計事務所　谷丸　幸子 …… 260
美藤公認会計士・税理士事務所　美藤　直人 …… 260
髙岸税務会計事務所　髙岸　直久 …… 260
兵庫県
矢野元樹税理士事務所　矢野　元樹 …… 261
奈良県
沖　聰　税理士事務所　沖　聰 …… 261
和歌山県
税理士法人　宮尾事務所　宮尾　文也 …… 261
広島県
光廣税務会計事務所／株式会社　オフィスミツヒロ　光廣　昌史 …… 261
福岡県
小林達哉税理士事務所　小林　達哉 …… 262
長崎県
たちばな会計事務所　岩本　拓 …… 262

【監修】

行政書士法人チェスター

税理士法人チェスターをはじめとした相続専門集団のチェスターグループの一員として、公正証書遺言作成サポート、相続人や相続財産の調査、金融機関の名義変更などの相続手続きを専門に扱う。年間の依頼件数は、業界有数の700件を超える。

税理士法人チェスター

相続税申告件数（年間）約2,400件の国内最大級の相続税専門税理士事務所。低価格､高品質､安心の３つのサービスを基本に、相続税専門の実績とノウハウを活かして、申告手続きをサポート。税理士は約70名、グループ会社を含むメンバーは360名を超え、行政書士、弁護士などの専門家と連携し、相続に関するあらゆる業務にワンストップで対応している。

【編集協力者】

円満相続を応援する士業の会

遺産相続は、場合によっては親族間での遺産争いになることがあり､「争続（争族)」などと揶揄されることがあるほどトラブルの生じやすい問題でもあります。そのような問題をはじめ、色々な悩み事の解決を総合的に行っている事務所です。遺言や贈与、信託はもちろんのこと、円満な相続を行っていただくためのお手伝いをします。

【著】

エッサム

昭和38年（1963年）の創業以来、一貫して会計事務所及び企業の合理化の手段を提供する事業展開を続けております。社是である「信頼」を目に見える形の商品･サービスにし、お客様の業務向上に役立てていただくことで、社会の繁栄に貢献します。

【構成･編集協力･本文DTP】菱田編集企画事務所

改訂《かいてい》３版《ばん》 身近《みぢか》な人《ひと》が亡《な》くなった時《とき》の
相続《そうぞく》手続《てつづ》きと届出《とどけで》のすべて

〈検印省略〉

2024年 11 月 29 日 第 1 刷発行

監 修 者――行政書士法人チェスター／税理士法人チェスター
編集協力者――円満相続を応援する士業の会
著 者――エッサム
発 行 者――田賀井 弘毅

発行所――株式会社あさ出版
〒171-0022 東京都豊島区南池袋 2-9-9 第一池袋ホワイトビル 6F
電 話 03 (3983) 3225 (販売)
03 (3983) 3227 (編集)
F A X 03 (3983) 3226
U R L http://www.asa21.com/
E-mail info@asa21.com
印刷・製本 (株) シナノ

note http://note.com/asapublishing/
facebook http://www.facebook.com/asapublishing
X http://twitter.com/asapublishing

ISBN978-4-86667-716-3 C2034